Moon
Magic

實現心願、改變人生的

月亮魔法

奧羅拉・凱恩（Aurora Kane）／著

舒靈／譯

國家圖書館出版品預行編目（CIP）資料

實現心願、改變人生的月亮魔法：用藥草、水晶、精油、塔羅、
占星增強月相能量連結，超過 100 種日常祈願語＆儀式指南 /
奧羅拉．凱恩（Aurora Kane）作；舒靈翻譯 . -- 初版 . -- 新北市：
大樹林出版社 , 2021.11
　面；　公分 . -- （療癒之光；1）
譯　自：Moon magic : a handbook of lunar cycles, lore, and mystical
energies
ISBN 978-986-06737-7-7（精裝）
1. 占卜 2. 占星術
292.9　　　　　　　　　　　　　　　　110017461

系列／療癒之光 01

實現心願、改變人生的月亮魔法

**用藥草、水晶、精油、塔羅、占星增強月相能量連結，
超過 100 種日常祈願語 & 儀式指南**

作者／奧羅拉．凱恩（Aurora Kane）

翻譯／舒靈

編輯／王偉婷

設計／張慕怡

校對／ 12 舟

出版者／大樹林出版社

營業地址／ 235 新北市中和區中山路二段 530 號 6 樓之1

通訊地址／ 235 新北市中和區中正路 872 號 6 樓之 2

電話／ (02) 2222-7270．傳真／ (02) 2222-1270

網站／ www.gwclass.com

E-mail ／ notime.chung@msa.hinet.net

FB 粉絲團／ www.facebook.com/bigtreebook

總經銷／知遠文化事業有限公司

地址／ 222 深坑區北深路三段 155 巷 25 號 5 樓

電話／ (02)2664-8800．傳真／ (02) 26648801

本版印刷／ 2022 年 9 月

定價／ 420 元　　ISBN ／ 978-986-06737-7-7
◎本書如有缺頁、破損、裝訂錯誤，請寄回本公司更換

目 錄

邀請所有人——
歡迎你們來到這裡，請坐，然後施一個魔咒。
不過，等等——別擔心，這裡沒有惡魔，
只有想讓人生活得更好的欲望。

月亮的魔法在等待她的時機到來，
發出充滿誘惑的召喚。
她誘人的歌聲、甜美的搖籃曲、活潑輕快的旋律。

有如曾被傳誦的預言、無懼的行為和無盡的愛。
她明亮的光芒照亮我們的視野，
並且總在天上指引著我們。

請帶著無限的信任，祈求開放的心胸和歡快的心靈，
她沿著自己的路線前進，「別走，」她會說
「我們很相似，以後你就會明白的。」

祝福所有翻開這些書頁的人，
願你們能在這裡找到讓你安心或愉快的魔法。

引 言

我們每個人在生活中都需要一點魔法，我在這裡就是為了幫助你們了解，月亮——這個每天照亮我們天空的神奇物體，可以如何幫助我們。我所說的魔法，是能幫我們過一個更有目標的人生，讓我們跟周圍的自然界更緊密連結，那種有點神祕、有趣、誘人和神奇的力量（除了在某些缺乏光的月相之外，這裡沒有什麼黑暗的東西！）。

你會在這裡找到如何連結月亮，和她的指引力量等訊息，還有促進和引導你邁向正向人生的工具、提示、儀式和咒語。從健康、財富、運動和寵物，從好運、愛情、住家和事業等各種領域都有，你不需要費力探索，就能找到實現你最寶貴夢想的內在力量。

虛幻飄渺的月亮不只令人著迷，還讓地球成為一個適合居住的地方，協助穩定氣候，創造幾千年來引導人類的潮汐律動。它的起源是什麼呢？很可能是類似火星般大小的星體衝撞地球時所產生的破碎星體，形成我們夜空中最迷人的景色，它是人類除了地球之外，唯一探訪過的星體。

Luna（露娜），拉丁文意指「月亮」，露娜是羅馬神話中的月亮女神（在希臘神話中稱為塞勒涅 Selene）。她也是一位讓人會喚起各種聯想的女神……充滿幸運、魅力、能量、力量、光明；對了，還有魔法──能激發有關愛情、詩篇、音樂、文學、美術、科學和其他類型的靈感。

這位迷人的女神已經魅惑我們數千年了。這一個神奇、引人好奇、渴望探索和啟發覺醒的物體，被所有國家與文化的人崇拜著，尋求她的指引，祈求能得到力量、愛情和光明。

如果你像我一樣曾經訂下追尋月亮的遠大目標、欣喜若狂到如飛越過月亮、對著月亮嚎叫（也許只有我？）、在月光下發癡、希望得到如藍月般千載難逢的機遇、看著月中之人跟著你回家（並且好奇他是怎麼飛到那上面的），甚至希望為了所愛之人變得完美如月亮一般。還有什麼樣的無生命物體能激起我們這麼多的情緒？

滿月大約每 29 天會出現一次，月亮朝太陽的正對面移向地球的另一邊，月亮最圓滿時所發出的光芒，形成令人嘆為觀止的奇景。

但在滿月與下個滿月之間的月亮也同樣充滿魔法和強大的能量。學習了解各大月相跟你自然律動的關聯並非很玄、很神祕的事，反而是在意料之中，因為每個月都會發生。神祕的月亮如何影響你和你周圍的世界，還有你選擇如何駕馭她的力量來改善你的生活，都有很多種變化，而且益處很大。

我們知道月亮會影響潮汐，它會隨著月相潮起潮落。因為人類體內有 60% 的水分，月亮的引力也會以同樣的方式影響我們……改變我們情緒的起伏和意圖。駕馭這種獨特的力量能為你的人生帶來清明，為你做的任何事情帶來正向的能量。藉著每天認知她在你生活中的存在，感謝月亮的指引和影響力。

讓你自然的律動跟月亮的律動協調合一，就有機會為你的人生帶來一些寧靜的片刻，暫時脫離無論走到何處都在持續轟炸的噪音和資訊，轉向催眠的月光，深入自我的心靈，並決定或提醒自己，什麼才是人生最重要的事物，重新設定你的羅盤，重新評估前方的道路。在這樣安靜的時刻，我們才能更清楚地傾聽自己思緒的聲音。

　　當你將自己的人生跟大自然的週期和當下直覺產生的訊息形成緊密的連結時，你會找到安定感、更深層的意義，並增加好運！記住，月亮充滿魔法的力量，但你擁有駕馭它，並且明智地運用它的能力。

魔法之月
─和─
她的魔力

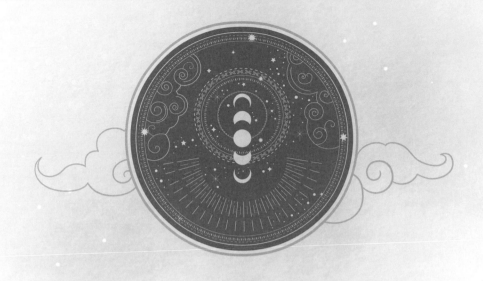

月亮經常被形容成人生各個階段的女性，從年輕女子、成年女性和母親，最後到老太太或老嫗，跟熾烈的太陽相比，月亮是較柔和的形象；她不會製造能量，而是反射能量。我們有機會透過月亮提升能量，在月光的映照下我們能有時間和空間來思索我們經歷的不同人生階段。聆聽我們內在的聲音，用意圖設定和達成目標，慶祝各種成就，即使這表示我們要放下某些東西，這樣能產生更強的直覺力，讓我們更了解自己的欲望和憧憬的未來是什麼。

月亮魔法的靈感，源自於各種月相和月亮週期與人生本身漸盈漸缺的變化息息相關。使用月亮魔法代表讓自己的自然律動跟大自然一致，與月亮強大的八大月相能量產生密切的聯繫，專注並精確地調整你想引入生活或是想從生活中消除的事物。此時是每個月將注意力放在自我的時刻，讓自己進入安詳、寧靜和內觀，全心投入當下的時刻，思索什麼是人生中最重要的。雖然俗話說，當星星連成一線就是時機成熟時，有些事情會立刻得到結果，但在生活中顯化月亮魔法的影響力需要一段過程，也就是需要時間和耐心。

八大月相的影響力

THE FORCE OF THE MOON'S PHASES

　　月亮的影響力是無形和獨特的，所以很難證明它。但有少數研究報告能證明月亮是如何影響水的。想想看，一般成人的身體中有60%的水分（男性的比例比女性稍微高一點；瘦的肌肉組織比胖的肌肉組織含有更多的水分）。地球的水分也差不多，大約是70%。如果你住在靠近水的地方，就會知道潮汐在滿月或新月時的變化非常大。想證明月亮對人類有具體和重要的影響力，有一份瑞士的小型研究報告指出，人們在滿月期間睡得比較不好，這同樣表示我們受到月亮能量的影響。

　　而且女性的月經週期通常被稱為「月亮週期」是有道理的。有研究報告顯示，較多的女性月經出現在新月期間，而非其他的月相，而且月經的週期和月亮週期的時間長度差不多。

　　如果你願意參考正史沒記載的證據，人類在滿月期間會出現不尋常的怪異行為，醫院病患的比率增加、犯罪事件變得更多，一般觀察到我們某些人類同胞在這期間容易出現詭異或奇怪的行為。

　　雖然科學可能會質疑這點，卻無法質疑當我們凝望著天空中又大又亮的能量體時所產生的奇妙感覺，或是情人在月光下親吻的熱情，或是當你花時間感謝大自然的神奇時所感受到的力量。冥想時使用這個能量，能幫助你專注在自己的目標，並採取相應的行動。

　　月亮大約會花29天經過所有的八大月相，這個週期的開始是新月，當月亮和太陽位在地球的同一側排成直線時，它在我們面前即會呈現出陰暗的一面。當月亮繞著地球在軌道上運行時，太陽的光線開始在月亮不同的角度中折射出反光，製造出漸盈月和漸虧月

的效果。從新月開始，可以看到太陽的反光漸漸變大，或是漸圓（年輕女子），直到滿月出現（成年女子），這時月亮面對地球的這一面完全被太陽照亮。轉換到下一個月相時（老嫗），光線變少或漸缺，月亮再次移向陰影中，結束它的週期。

學習每一種月相，了解月相與大自然和我們的律動關係，並且設定意圖、採取相應的行動來駕馭月相的力量，其實比聽起來簡單許多。

月亮強大的八大月相
THE MOON'S POWERFUL EIGHT PHASES

首先，我們來思考一下這些月相跟特定力量的關係，或是它們能為你的人生帶來什麼樣的意義，然後配合每個月中適當的行動和肯定語，讓你的意圖和欲望獲得成果。請注意，對住在南半球的人來說，這些月相會是相反顯現的。

月相一

新月 NEW MOON

週期的開始——淨化

月相二

眉月 WAXING CRESCENT

逐漸成長的月光照亮意圖和直覺力

月相三

上弦月 FIRST QUARTER MOON

強大的月光帶來專注，使意圖放大至最大

月相四

盈凸月 WAXING GIBBOUS

逐漸增強的刺激和能量能滋養希望和夢想，
直到出現滿月為止

月相五

滿月 FULL MOON

能量、豐盛、成果、感恩，
同時也是淨化和放下的時候

月相六

虧缺月 WANING GIBBOUS

從所學到的課題中反省、學習、改善自己

月相七

下弦月 LAST (THIRD) QUARTER MOON

承認和釋放，這是寬恕的時期

月相八

殘月 WANING CRESCENT, OR BALSAMIC

週期的結尾─更新和內觀，在暗中深思的時刻，
因為新的週期即將開始

設定意圖

INTENTION SETTING

意圖的定義是指，決定以某種方式採取行動。古老的印度梵文文獻《吠陀》聖典中的《奧義書（The Upanishads）》告訴我們：「你最深沉的欲望會形成你這個人。你的欲望是什麼，就會形成什麼樣的意圖。你的意圖是什麼，就會產生你的意志。你的意志是什麼，就會造成你的行為。你的行為是什麼，就會決定你的命運。」

意圖剛開始是思想的形成，然後轉變成為了實現夢想和欲望的必要行動，就像播下種子後，照顧它直到開成你所珍愛的美麗花朵為止。

設定意圖是專注在內在的思維，而不是外在的東西：它以「我是」或「我會」或「我打算」開始，……但只能顯化你自己的意圖。

這不是一個永無止盡的「願望清單」，而是積極過一個有目標、能帶來幸福圓滿人生的生活。不管是在財務上獲得成功，過著一個慈善的人生，或是刻意在每天日常的事物上尋找快樂，剛開始都要先知道自己內心的欲望，然後積極採取相應的行動去完成目標。

我們可以利用月亮光芒帶來的能量來設定意圖，你的思想會產生自己的能量，將它釋放到宇宙中，邀請宇宙進來。關於設定意圖最美妙的是，它會打開你的視野和心靈來接受新的訊息……它會增強你的直覺力，讓你有能力看見在忙碌生活中可能忽略的機會。

寫日記和冥想（詳細內容請看 19 頁和 56 頁）是透過接觸內在思維和感受，分辨你的企圖心在哪裡的重要方式，因為企圖心一定是某個你相信和想要的特定事物。下面有幾個例子：

我會找到符合我夢想的工作。

我會有勇氣採取行動。

我打算在我做的所有事情中尋找快樂。

　　當你設定完意圖之後，請靜靜思考一下。如果你喜歡的話，也可將你的思緒記錄下來。對未來即將出現的機會表示感謝。

　　在新月期間設立的意圖會很強大，因為這是最富饒的時機，適合撒下新點子和新欲望的種子。現在，請設定意圖並結合行動，配合其餘強大的月相，順著月相週期朝目標前進。

記錄意圖

　　不管是寫在你專用的日記本或筆記簿裡，或是寫在行事曆上，這樣能幫助持續追蹤你的意圖。這些意圖和你為了實現它們而採取的行動，都會隨著月相產生變化。做紀錄能提醒你自己的意圖和追蹤進度，幫助你選擇最有影響力的月相來行動。不要害怕提問，將你最真實的感覺和能讓自己充滿自信的思想寫下來，並且留意當你的意圖跟欲望、思想和行為達成一致時，你所獲得的安定和滿足感。

正向的月亮肯定語
POSITIVE MOON AFFIRMATIONS

肯定語就像私人的密咒一般，我們可以用它來為潛意識設定程式和重設程式，以更正向、光明的態度去看待和表達事情。我們腦中整天都會有許多自我對話，通常都是告訴我們負面的事情，或是一有機會就批評自己。我們可以透過肯定語，下意識選擇將這種內心對話（信念和行為）變得更積極正向。

就像培養任何一種新的習慣一樣，每天使用它，對改變我們的信念和行為幫助最大。可以對自己不斷重複這些肯定語，隨你喜歡說多少遍都可以。或是把它們寫在有黏性的標籤紙上，貼在屋內四處當作提醒，或是用手機上的應用程式協助你也可以。

這很像是設定意圖，肯定語是「我」的聲明，是對你有正向的影響力、有意義、能讓你專注在當下的句子。比方說，如果你感覺自己在愛情路上總是很不幸，可能會告訴自己，這是因為你不值得擁有好的愛情，與其出現這種負面的反應，不如花點時間把你正向的優點寫下來，以及這些優點能如何幫助你達到健康的親密關係，然後寫一句肯定語來提醒自己你的優點。以下是一些例子：

我很聰明、幽默，而且朋友們都愛我。
我很有好奇心又友善，且能直覺地知道怎麼幫助生活中的人。
我就是我，我這樣就夠好了。

肯定語並不是日常事務或工作清單，所以，如果你有批評自己的壞習慣，就要確保你說出的肯定語能夠帶來正向情緒，並帶來某

種改變。

想要變得更有活動力嗎？肯定語不是說「我會開始做運動」，而是說：「當我活動時，我感覺充滿自信、更積極，而且更有活力。」

肯定語是有意識地說出積極正向的訊息，讓它們烙印在我們的潛意識裡──我們內在的聲音──這樣能幫你感覺更有自信，在人生的任何領域中更成功。所以，要和設定意圖一樣深入探索，辨認出你在哪個領域需要幫助，並有自覺地選擇改善它。當有良好的感覺時會散發出正向的振動頻率，同時也吸引正向的振動頻率傳回來。

現在你已經設定好意圖和肯定語了，你可以運用月相來指引你的行動和思想。結合意圖、行動和肯定語，是增強月亮能量的一種強烈魔藥。只要做一點努力，以及一些專注的思想，你能實現的事情將是無限的。

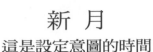

新 月
這是設定意圖的時間

行動：開啟一段新的人際關係、尋找一個新的工作、剪個新髮型，創造出新的你！說哈囉、露出笑容、寫個字條、跟人對話、親吻。多注意那些新進入你生活中的人。

肯定語：點一根粉紅色的蠟燭，說：我歡迎新的機會和新的體驗。

眉 月
深思你所設定的意圖和需要做哪些行動來實現目標

行動：這是段聚集能量的時期，是擴展你人生中事物的最佳時機。安排一個面談，或選一堂課，學習新的東西。問你自己需要什麼。

肯定語：為了這次加薪我很努力工作，這是我應得的。

上弦月
在能量逐漸增加時，進一步採取適當的行動

行動： 培養人際關係，不管是家人、朋友、同事或愛人之間的關係。多留意周圍，並且多照顧一下感情方面，也許還需要修剪一些多餘的感情。

肯定語： 我值得先愛我自己，然後再與人分享我的愛。

盈凸月
加強火力——這是最後衝刺的時候

行動： 主動發出邀請，或是接受提議，若有必要的話，投入額外的努力來完成工作。這是努力工作的時刻，保持良好的人際關係、為自己的熱情加油。

肯定語： 我的出現為這個世界帶來意義。

滿 月
評估你的結果，慶祝你的成就

行動：接受恭賀，為你的成就表達感謝之意，找時間享受這一刻，放下不符合你目標的念頭和想法。深呼吸，慶祝一下。想想看，還有什麼事情可能還需要下功夫。

肯定語：我即使失敗時都是成功的。

虧 缺 月
評估什麼事情進行順利，什麼事情不順利，並分享你的經驗

行動：尋求幫助，樂於接納他人的意見和改變，擁抱即將到來的機會。這也是解決不好的人際關係，或是為現有的關係充電的時機。

肯定語：我很滿意現況，但仍願意接受改變。

下 弦 月
放下生活中一切不夠正向的能量，
或是任何會阻礙你追尋目標的事物

行動：停止負面的思緒，改掉有害的習慣，消除你道路上的障礙或負面的人物。在這段休息和反思的時間裡，給自己一些屬於「自我」的時間，所有的關係都需要這樣做。

肯定語：我這樣就足夠了。（我就是最好的我）

殘 月
重新調整你的目標，準備重設意圖

行動：擁抱黑暗與寧靜，更新重整，準備迎接新週期的開始。當一個新階段的意圖開始設定時，不要懼怕未知的事物。

肯定語：我很堅強。我很強大。我在這裡，而且我會成功。

滿月
—和—
其他的
魔法月相

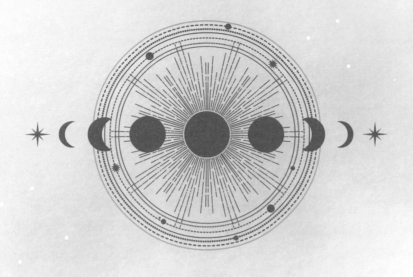

現在這個時代可能很難想像，月亮在過去是夜晚非常重要的光源，尤其是滿月的時候。它指引旅人穿越地圖上未標明的海域或草原；在採收期將近時，讓農民能得以繼續工作到更晚的時間。在古代的文化裡，月亮就像一盞魔法天燈。

月亮啟發了許多關於鬼魂、地精、狼人和人因月亮發狂的傳說故事，雖然當時科學尚未發達，但月亮對潮汐、天氣、農收季節和大自然都具有重要的影響力。難怪月亮從古至今在全世界都被認為具有重大的意義。不只是這樣，想像一下，在月蝕時，穩定的月亮突然從天空中消失，你可能會產生什麼樣的恐懼感？

我們在本書中不只會探討滿月，還會討論相關的月相，例如藍月和黑月，還有滿月期間出現的月蝕。

美國原住民習慣用月亮當做月曆來追蹤四季，根據他們觀察到的大自然與天空中月亮之間的關係，為每個月的滿月都取了一個象徵性的名字。我給了每個滿月加上一個咒語，刺激你思考密切配合滿月對你日常生活的重要性。

一月

歷史上滿月的名字：狼月（Wolf Moon）
比較不常見的名字：老月（Old Moon）

歷史上的含義：一月的寒冷和陰暗，讓自然界的食物資源相當匱乏。據說是從飢餓嚎叫的野狼啟發了這個一月滿月的名字。

現今魔法的含義：為了對一月的月亮表達敬意，可以對豐盛的食物和乾淨的水源表示感恩，並且提供給較缺乏的弱勢族群。

月亮啊！請照亮我，讓我永遠能找到食物餵飽我的身、心、靈。
我感謝妳所滋養的能量。

二月

歷史上滿月的名字：雪月（Snow Moon）
比較不常見的名字：餓月（Hunger Moon）

歷史上的含義：北美洲大部分的地區這個月通常都佈滿了白雪，因此為這個月的滿月取了最貼切的名字。

現今魔法的含義：許多地區都會出現較寒冷的低溫，人們待在室內的時間增加，可以試著沐浴在滿月的月光下，觀察大自然美麗的冬季景色。這時也是對自己的美麗和天賦表達敬意的時刻。

光輝的月亮啊！請解除籠罩在冬季天空中和心靈上的黑暗，
讓我做的每一件事都充滿美感。

三月

歷史上滿月的名字：蟲月（**Worm Moon**）
比較不常見的名字：汁月（**Sap Moon**）

歷史上的含義：隨著氣溫升高，樹的汁液流動，土質變軟，蚯蚓開始忙碌工作。

現今魔法的含義：大自然的一切開始從冬眠中復甦，此時可以吸收三月滿月的能量。可以考慮去做你一直拖延的事情，以及過去承諾要達成的目標。

美麗的月亮啊！請喚醒我的心，以免時光飛逝太快。
美麗的月亮啊！請喚醒我的雙眼，讓我能成功征服目標。

—◂ 出現在春分之後 ▸—

四月

歷史上滿月的名字：粉紅月（**Pink Moon**）
比較不常見的名字：草月／蛋月／魚月
（**Sprouting Grass / Egg / Fish Moon**）

歷史上的含義：四月的月亮宣告春花的到來，這個名字是為早春綻放的野花而取的。

現今魔法的含義：讓四月的滿月在你所見、所做的一切事物中激發美感。留意月亮的影響力，可以給鄰居一個微笑，或跟朋友說幾句讚美的好話，也記得要為自己留一句讚美的話。

願這個四月我不會成為對我所見一切沒有一句讚美的傻瓜。
妳綻放的光芒顯露無盡的美麗。我在心中歌唱，
我充滿感恩之情，親愛的朋友。

五月

歷史上滿月的名字：花月（**Flower Moon**）
比較不常見的名字：玉米栽種月／奶月
（**Corn Planting / Milk Moon**）

歷史上的含義：此時是大自然豐盛的時期，生命完全盛開綻放。

現今魔法的含義：為你生命中所有的好事和豐足對宇宙獻上感謝。接受五月滿月的獎勵，現在是活在當下最好的時機。

> 哦，繁星之中的月亮啊！我凝望妳的亮光──
> 妳閃爍光芒的雙臂溫柔地合起。
> 將我抱住，在妳的恩典中我能感受到，
> 我生命中的一切都散發著黃金般閃耀的光芒。

六月

歷史上滿月的名字：草莓月（**Strawberry Moon**）
比較不常見的名字：玫瑰月（**Rose Moon**）

歷史上的含義：在北美洲，通常會在這個時候採收草莓。在古早時期，這是採收野莓的時間。

現今魔法的含義：當六月的滿月在天空升起時，設定一個意圖，不管是多麼卑微或是偉大，都要盡情享受品嘗人生最美味的當下。

> 滿月啊！請在我失敗時讓我心中充滿力量，
> 在我成功時讓我心中充滿喜悅，
> 請給我繼續奮鬥的勇氣。

七月

歷史上滿月的名字：公鹿月（Buck Moon）
比較不常見的名字：雷月（Thunder Moon）

歷史上的含義：公鹿角在年初時脫落，此時將重新長出新的鹿角。

現今魔法的含義：運用另一個名字「雷月」的含義，注意可能的能量轉移——通常會往相反的方向。保持專注在當下，但要樂於接受改變和新的資訊。這個時期可能會出現清明的洞察力。

> 神秘的月亮啊！妳在從古至今的歷史上顯現指引，
> 每一段步行、航海或想像的旅程都是獨特的。
> 請讓我心中充滿清明，讓我在自己的道路上走出整齊不亂的步伐。

八月

歷史上滿月的名字：鱘魚月（Sturgeon Moon）
比較不常見的名字：綠玉米月（Green Corn Moon）

歷史上的含義：根據北美洲以漁獵維生的部落觀察，鱘魚在這時候最多。

現今魔法的含義：讓月亮的光芒照亮你生命中的收穫。盤點一下你可能忽略的事物，並且設定意圖，獲得你身邊的各種好處。

> 豐足的月亮啊！祈求妳讓世界充滿慈善、安祥和繁榮，
> 慷慨地幫助那些需要幫助的人。

九月

歷史上滿月的名字：收穫月（Harvest Moon）
比較不常見的名字：大麥月（Barley Moon）

歷史上的含義：此時是採收的時節，滿月明亮的光芒也幫助了許多農人能工作到晚上。

現今魔法的含義：仔細想想你有哪些事情可能需要花更多時間來完成。吸收滿月的能量能照亮你的道路；這也許是跳月光舞（Moon dance）的美妙之夜（請看 126 頁）。

> 妳的夜之歌靜靜地唱著，我聽到了美妙的旋律。誘使我——
> 搖擺、舞動、祈禱。親愛的月亮，請指引我前方的道路。

→ 出現在秋分之後 ←

十月

歷史上滿月的名字：獵人月（Hunter's Moon）
比較不常見的名字：旅行月（Travel Moon）

歷史上的含義：在收割的田野、荒蕪的樹林中能清晰可見肥美獵物，讓獵人有機會為冬天採集食物，明亮的月光代表更長的打獵時間。

現今魔法的含義：十月的滿月能將你為了冬天而需要「儲備」的部分照亮得更加清晰。不管問題是什麼，深掘你內在的儲藏區，以仁慈和鼓勵餵養你的靈魂。花點時間對那些在人生旅程中曾經照顧過你的人表達敬意。

> 獵人月提醒我們，我們的工作永遠做不完。
> 儘管如此，一天都不要浪費，停下來並且說，
> 這並不是我獨自一人完成的。

十一月

歷史上滿月的名字：海狸月（**Beaver Moon**）
比較不常見的名字：霜月（**Frost Moon**）

歷史上的含義： 這段時間海狸們忙著築小水壩，適合在水結冰前設下獵捕海狸的陷阱。

現今魔法的含義： 就像海狸築小水壩那樣，現在也許是做月光浴的最佳時機（請看 126 頁）。放輕鬆，把自己交給月亮的力量，感受她平衡的能量。

> 我尋求一段休息的時間，
> 讓我的心靜下來，讓白天焦躁的感覺安定下來。
> 請散發出月虹光芒，低聲訴說著夢，將我帶向遠方。

十二月

歷史上滿月的名字：冷月（**Cold Moon**）
比較不常見的名字：長夜月／耶誕節前月
（**Long Night Moon / Moon Before Yule**）

歷史上的含義： 在北半球大部分地區，十二月進入冬天，帶來冰凍的魔咒，各種生物生長減緩，活動也跟著減少。

現今魔法的含義： 找時間讓滿月的光芒溫暖你的靈魂，直到天氣變暖，微風能溫暖你的臉為止。

> 雖然屋簷上可能掛著寒冰，妳溫暖的光芒明亮又真實。
> 在夜晚時間漸漸增長時，妳仍在天上照看著我們，
> 妳的愛支持我們度過漫漫長夜。

藍月

罕見的藍月之夜……對，我們確實希望和渴求這種稀有的事物，而且其實也沒那麼罕見。每一個公曆年，大約在地球完成環繞太陽公轉一圈的十一天前，月亮會完成她最後的週期。這些天數加起來，大約每兩年半左右，某個月就會多一個滿月，而這第二個滿月就叫藍月（The Blue Moon）。

所以，沒錯，確實有藍月，但它真的是藍色的嗎？喔，不，這個月亮不是藍色的，但有可能會出現這種現象。1883 年時，當印尼的克雷克吐爾島（Krakatoa）火山爆發時，熱氣流將火山灰噴到高空的大氣層中，這些火山灰的分子大小剛好驅散了太陽的紅外線。所以當月亮的白光穿透雲層照下來時，就顯現成藍色。小範圍的火山爆發，甚至大範圍的野火災害都可能造成類似的效果。

藍月代表什麼含義呢？是更強大的力量，比方說，已經很強大的滿月會變得更強大數倍，提升你的工作效率、為體能充電、強化你為了達成目標的努力。它也可能代表隨著目標達成，直覺力也呈現巔峰的狀態，因而此時會有強烈的滿足感。

雖然這個名字的由來不是很清楚，但這時顯然值得打開高檔的啤酒，舉杯祝願好運，或是利用這個額外週期的好處，設定意圖進一步朝目標邁進。

黑月

黑月（The Black Moon）可算是藍月的雙胞胎姊妹，當月亮面向地球的這一邊完全被太陽照亮時，我們會看到滿月，任何一個月中的第二個滿月都被視為藍月。

當月亮舞動著經過她的月相時——從漸盈到滿月，從漸缺到新

月——它就會變暗。新月是面向地球的這一面變暗，完全處在陰影中。傳統上來說，這是淨化和放下，設定新意圖的時期。黑月就是出現在任何一個月中的第二個新月。

黑月是清楚看見自己內在的好機會，聆聽當你因為太忙碌而沒時間注意又試著忽略的聲音。這時是認知你想要什麼、需要什麼，尋找新的開始的時候。

據說內在真我在黑月時期特別強大，這時可深入觀察自己的靈魂，不要漠視內在的聲音。黑月將會引導你。

月 蝕

雖然在歷史中有許多文化都是崇拜太陽，他們相信太陽是最強大的，但月亮也激起人們對她的尊敬，甚至恐懼。月蝕（Lunar Eclipses）曾經被許多人視為是恐懼和厄運的時刻。許多故事跟月蝕有關，包括月亮被美洲豹吃掉，或是被憤怒的狗和蛇攻擊……甚至有人說月蝕是對古代帝王的攻擊。有些古代的儀式就是為了安撫月亮，或是驅逐潛伏在附近的邪靈。

月蝕是在滿月期間發生，在大部分的公曆年中，都會看到兩或三個月蝕。這是大自然博取我們注意力的方式，提醒我們它有多麼神奇偉大。月蝕也會將我們甩出「例行常規」的軌道，刺激蛻變。這是劃清界線的時候，通常代表某件事情的結束和出人意料的重大改變。這時情緒或許會很高昂，月蝕期間可能不是做重大決策和行動的好時機，因為此時可能不會達到你想要的結果。讓這個能量安定一天或兩天再做重大的決策和採取行動。

調整自己使用你的直覺，聆聽你在人生各個領域中接收到的訊息，並認真地看待這些訊息。不要忽視它們，不管是對眼前或是未來，這些訊息對你都有影響。

文化信仰
女神
─ 和 ─
威卡

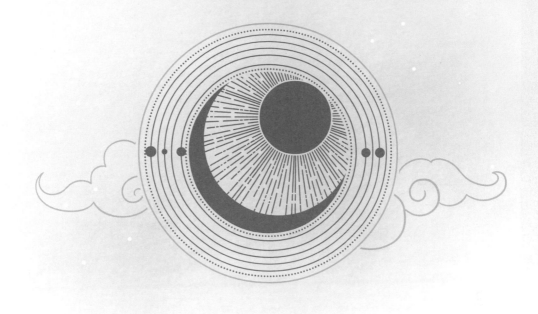

在過去數千年來，月亮被視為神祉和星球。對各種文化的信仰和歷史的重要性也因時因地而有不同，從神祕到浪漫的信仰都有。月亮的所有月相難免令人驚奇屏息，讓人忍不住對她的美麗生出驚嘆，而且人類探索它的能力也令人敬佩。想像幾百、幾千年前它的重要性，當月亮從天空中出現、變化和消失，雖然現在已有合理的解釋，但在過去是難以解釋的事，當黑暗占據了白晝，伴隨著無法消除的恐懼感……除了天空中的月亮。

很多人望著月亮時，會看到一個溫柔的老靈魂，月亮上有個男人在回望他們。有些文化中的人看到了兔子 —— 負責替女神維護這個重要的星球。還有人說看到狗、蟾蜍和老女人……不管你看到什麼，肯定都會帶來歡喜的心情。接著我們來看一下當人們凝望月亮迷人的面貌時，最常見的兩個形象。

月亮上的男人

在北半球，我們都知道這個月亮上的男人是天空中微笑的指路人，他還啟發了無數的神話和故事。

一個流傳已久的歐洲故事說，這個男人犯了罪：有人抓到這個男人在安息日時收集柴枝（這一天規定大家都要休息），他因為這項叛逆之罪而被放逐到月亮上服刑。從此之後，月亮上的男人就在那裡搬運柴枝，啟發了無數的傳奇故事。

在日耳曼的傳說中，這個人是偷竊鄰居的財物被抓到，而且是在星期天安息日這一天，這可是罪上加罪，才導致他必須受到被驅逐的刑罰！住在沿海地區的日耳曼人密切觀察到月亮對潮汐的影響力，他們相信月亮上的男人是巨人，把水倒到地球上，因而產生了這些潮汐。

故事切換到古代北歐的傳說，我們聽說這個男人綁架了兩個小孩，把他們帶到天堂，只是為了要他們拿水桶提水，跟我們所知的「傑克和吉爾（Jack and Jill）」的童謠有不可思議的相似之處。

羅馬人的傳說稱他偷了羊。

荷蘭人說他是不快樂的偷菜賊！

阿拉斯加的伊紐特人認為月亮上的男人是靈魂的看守人，而且薩滿巫師可以飛升到月球上見他們。

馬來西亞的傳說相信，這個月亮上的男人喜歡釣魚。他會用樹皮編成釣魚線，想要釣地球上所有的東西，但是有一隻老鼠咬斷了

釣魚線，之後因為有一隻貓追逐這隻老鼠，讓世界恢復了平衡，所以地球才倖免於難。

科學告訴我們，月亮上的男人是數十億年前小行星強大碰撞後的結果。其衝擊波引發了月球火山噴發，小行星撞擊造成的隕石坑被火山岩漿填滿，冷卻後在月球表面留下了黑暗區域。這些黑暗的區域，被稱為月之海（lunar maria 或 lunar seas），當月亮被完全照亮時，就會與她表面較亮的區域形成鮮明的對比，露出我們所熟悉的那張慈祥的臉龐。

月 兔

中國的民間故事認為月亮上住的是兔子而不是男人，牠為神祇──尤其是月亮女神嫦娥，以缽和杵不停地搗著神奇的靈丹妙藥。在日本和韓國，據說這隻兔子是在搗做年糕的食材。

美國原住民克里族（Cree）的傳奇故事，講述了一隻小兔子想去月亮上。這隻自願去月亮的兔子被一隻鶴帶往月亮，牠緊緊抓住了鶴的腿，漫長的旅程就此展開。到達月亮後，心懷感激的兔子用流血的爪子碰了一下鶴的頭，結果鶴的頭上就出現了明顯的紅冠，相信這個故事的人說，在晴朗的夜晚，甚至可以看到這隻兔子抓著鶴的腿飛向月亮呢！

神話和月之女神
MYTHOLOGY AND THE MOON GODDESS

在許多文化中，月亮代表女神，以強大的女性形象掌管繁殖、生育、母愛和療癒等領域，而且具有慈悲和偉大的智慧。幾千年來，人類利用月相來決定栽種和收成的時間，或是尋求她指引各種私人生育的問題。

稍早之前有提過，女性月經的週期通常被視為「月亮的週期」。然而，你不必是女性，也不需要有月經，我們所有人，不管任何身分或年齡層，都能利用月亮魔法的力量來釋放我們內在的女神。這整本書都在寫這個主題，下面只是歷史上月亮對人類產生影響的部分例子。

希臘的月之女神

希臘神話中充滿許多天神、女神、英雄、戰爭、儀式和大自然現象的故事，日常生活中普遍都能感受到月亮的影響力 —— 她對文化中的美術、文學、建築和音樂都產生了長久的影響。

塞勒涅（Selene）：這位泰坦族的月之女神被當作月亮的化身受到崇拜，通常繪畫中會畫一位頭戴弦月、騎著戰車、拉著月亮飛過天空的女神。人們會在新月和滿月時祭拜她，有人相信她擁有照亮天空和產生睡眠的力量。

阿提米斯（Artemis）：她跟滿月有密切的關係（她的兄弟是太陽神赫利奧斯 Helios），她也跟狩獵、大自然和生育有關。

黑卡蒂（Hecate）：她是一位愛狗的老婦，象徵漸虧月和黑月的女神，她通常會被描繪拿著一支火炬，象徵著她的大智慧。與她有關的眾多關聯中還有跟入口處有關，據說在入口處擺一個神龕，不管是建築物或是城市，都能防止邪靈進入。

羅馬的月之女神

羅馬神話深受希臘神話的影響，也有許多天神和女神。這些神話描述人類跟自然界的各種關係，解釋無法解釋的事物，解決諸如來生和善惡等這類困難的問題。

露娜（Luna）：露娜是羅馬神話中與希臘神話塞勒涅相等的月亮女神化身，人們在新月和滿月時也會祭拜她。

黛安娜（Diana）：羅馬人把黛安娜當作狩獵和野生動物的女神來信奉，她是太陽神阿波羅（羅馬版的赫利奧斯）的孿生姊姊，後來也跟月亮產生關聯，司掌生育和分娩。

美國原住民的月之女神

我們前面已經討論過（請看第 28-33 頁），美國原住民為月亮賦予了特殊的重要意義。他們對大自然深深的敬意和連結也反映在月相上，因為月相指引他們每天的生活事務。他們把守護和寧靜也歸為月亮女神的象徵。

寇莫克絲（**Komorkis**）：寇莫克絲被黑腳族尊為太陽神納多希
（Natosi）的妻子，眾星的母親。

漢威（**Hanwi**）：這位美國沃格拉拉蘇族（Oglala Sioux）的女神，
據說原本跟太陽神威（Wi）住在一起，後來太陽神對她心生不滿，
強迫她變成夜晚的女神。

中國的月之女神

幾世紀以來中國人會在秋天聚在一起感恩豐收。時至今日，中
國人會在中秋慶祝著名的中秋節，或是月亮節，這個節日通常在農
曆第八個月的第十五天，這時天空中的月亮是最大、最亮的時候。
這個節慶起源於嫦娥奔月的傳說，鮮豔的燈籠和美味的月餅更增添
了節慶的氣氛。

嫦娥：為了避免仙藥落入壞人的手中，美麗的嫦娥喝了長生不
老的仙藥之後，就飛升到天界，選擇月亮做為她的新家。據說，如
果你仔細看的話，就會看到她仍在月亮上。

觀音：她是佛教中月亮、慈悲和療癒的女神。

阿茲特克的月之女神

阿茲特克人（Aztec）非常精通觀察天文，跟其他文化一樣，他
們也會用神話和故事來協助解釋他們見證到的天文現象。

科約爾沙赫基（**Coyolxauhqui**）：這個關於月亮的故事蠻可怕
的：司掌生死的女神科瓦特利奎（Coatlicue）有一個名為科約爾沙

赫基的女兒，以及四百個兒子！科瓦特利奎神祕地懷孕，被認為是懷了孽種。科約爾沙赫基慫恿她的兄弟合夥殺了他們的母親和未出生的小孩太陽神維齊洛波奇特利（Huitzilopochtli），太陽神得知了這個陰謀後，以成年人的模樣穿戴著戰鬥裝備，從他母親的子宮內跳出來，殺死了他的姊姊科約爾沙赫基。

馬雅的月之女神

馬雅人祈求幫助時絕對少不了天神和女神，他們有超過 250 個神祇，這些神祇跟日常生活和從生到死的各個層面有關。

伊希切爾（Ixchel）：伊希切爾女神的意思可翻譯成「彩虹仙子」，她是掌管月亮、愛情和懷孕的女神，負責提供雨水滋潤莊稼，還負責掌管其他的事務。據說她的美麗和嬌柔的氣質讓她被賦與了月亮女神的身分。她優雅從容、堅忍不拔的面對人生中眾多的挑戰，提醒我們要主宰自己的力量，勇敢面對即將發生的事情。

印度的月之女神

古代的印度人跟世界上其他地方的人一樣，在明亮的月光中找到了慰藉和驚奇。然而，月光並非持續不變的，就像太陽光一樣，後來變成代表重生和他們祖先靈魂的世界。

坎蒂（Candi）：坎蒂是與男神錢德拉（Chandra）對等的女神，他們兩個每月輪流掌管月神的角色。

埃及的月之女神

古埃及的天神和女神數量龐大令人嘆為觀止，在埃及的萬神殿裡總共有兩千多位神祇。埃及的文化圍繞著慶典而生，這些神明的勢力跟人民的日常生活相結合，一直延續到來世。

愛西絲（Isis）：這位法力強大、直覺力強且廣受信仰的女神不只是月神，還兼任太陽女神。她被尊為母親和生育女神。

塞赫特（Sefkhet 或 Seshat）：這位埃及的月神也被尊為時間、建築和繁星女神。有人相信她是古埃及最重要的天神托特（Thoth）的妻子，托特是字母表的創造者。

異教和凱爾特的月之女神

凱爾特人（Celt）和德魯伊人（Druid）長久以來跟大自然都有緊密的關係，他們對大自然懷著深重的敬畏，有著古老的知識和智慧。

阿莉安赫德（Arianrhod）：這位月亮女神迷人的名字又被譯為「銀輪（silver wheel）」，貼切的描述了落入海中的月亮。人們在生殖和重生的問題上，會以很多不同的形式來尋求她的幫助。

瑟麗德溫（Cerridwen）：瑟麗德溫有著老婦人的外型，她雖然是黑暗的女神，但也和漸虧月有關，她一直小心翼翼地看顧著智慧之鍋。

艾波娜（Epona）：這位女馬神跟夜晚和夢有關。傳說她快馬逃向西方躲避太陽升起的光芒時，會傳出達達的馬蹄聲。

麗安儂（Rhiannon）：這位月亮女神名字的意思是「夜后」，麗安儂掌管最重要的議題——生育和死亡。

北歐的月之女神

看北歐神話中的女神就能反映出該時代母系社會女家長的角色。母親、照護者或扶養者，跟現代一樣與智慧息息相關。

埃勒（Elle）：被描繪成老婦，這位老太太可不是會輕易被擊敗的女神，據說她跟雷神索爾（Thor）比賽時還曾經打敗過他。人們會向她祈求力量和自信。

芙蕾雅（Freya）：芙蕾雅可不是普通的女神，她在女神的階層中佔有很重要的地位。她的美麗令人崇拜，據說她在愛情、財富、生育和魔法，以及其他領域都具有影響力。

弗麗格（Frigg）：這位女神最重要的職務包括婚姻、分娩、母性、智慧和編織。她名字的含義是「愛」，她象徵所有跟家庭安寧有關的事物。

威卡和現代的月亮魔法
WICCA AND MOON MAGICK TODAY

　　簡單來說，威卡（Wicca）就是以自然為基礎的異教信仰，與基督教出現前其他的古代宗教信仰相比，威卡信仰的起源時間較近代。月亮代表女性神祇，同時也是地球和生育的象徵。

　　威卡的善魔法是提升和導引宇宙的能量來跟大自然共同創造，藉此達到你的目的。節慶是為了尊崇和結合四季與大自然的天然律動。威卡在體內和心裡，在身外無法找到「它」，一定要向內尋找。

　　威卡不僅僅只是「咒語」，它是要我們過一個充滿意圖的人生，與大自然和其能量連結──這時候真正的魔法才會發生，生命力才會流動。咒語只是一種工具，咒語的魔法是依據你的意圖設定，存在於專注的能量中。

　　五角星或是環繞五角星的圓圈，是威卡教和巫術的象徵圖案，代表大自然的元素和精神。

✦ 最頂端的星星是指精神 Spirit（靈），將你和充滿自然界中的能量連接起來，並且接通我們更高層次的意識。

✦ 以順時鐘方向，下一個角代表地 Earth（指向北方或是家）。它讓我們變得沉穩、支持我們，並且與我們分享智慧。

✦ 以順時鐘方向的下一個角，我們會找到風 Air（指向東方），代表新的開始、新點子和新思想。

✦ 下一個（指向南方的）是火 Fire，代表熱情、內在之光、目的和欲望。

✦ 五角星的最後一個角（指向西方）代表水 Water，廣大的海洋能帶來療癒，並且跟我們的潛意識和夢對話。

威卡教信徒最重要的慶典之一就是月魔宴（Esbat 或稱為埃斯巴特），通常是在滿月時舉行（不過，若你喜歡的話，其他月相中也可以舉行），為了祭拜月亮女神，並且運用她增強的能量，放大意圖設定的效果。這時女巫們會聚在一起慶祝，也可能單獨慶祝。

即使你沒有信奉威卡教，也可以跟一群志同道合的朋友聚在一起禮拜月亮女神，並根據你的需要來設定意圖。

月魔宴儀式

在開始之前，要知道這裡沒有什麼規則，只要不傷害人即可。

擺設好你的祭壇（一個用來擺放視覺上的提醒物和集中你能量的地方，詳細內容請看第 138 頁），若有可能的話，擺在戶外有滿月月光能量的地方，加上你想用來做意圖設定的任何器具（蠟燭、水晶、天然物品、相片等等）。可讓每位參與的成員提供一些東西。

你的祭壇不需要很高級——可以是一個能裝入所有東西的鞋盒（此處點燃蠟燭要很小心，需選擇不同的地點），或是一張小桌子，未來若有需要也可能擴大祭壇。

讓你的團體成員圍在祭壇旁邊，創造一個神聖的區域來禮拜女神。這個區域通常是圓形的——事實上是一個圓球狀，或是能量球。大家手牽手圍成一個圓圈，在圓圈中或站或坐，或者只要用手指在這個區域中劃一個圓圈來設定它的重要性。在這個圓圈「裡面」的每個人都會提供能量給這個能量球。制定圓圈的意義只是為了讓我們連結大地和宇宙的能量。

邀請女神進入你的圓圈內，從新月到滿月（漸盈的月相），這個慶典的能量是用來吸引事物到你身邊。滿月過後，在漸缺的月相期間，慶典的能量是用來釋放不再對你有利的任何事物。運用滿月的能量，你的儀式可能包括吟唱、祈禱、咒語、祝福，或根據你在慶典中想要做的其他事情，或是圍成圓圈，以順時鐘方向跳個簡單的舞蹈。為什麼要順時鐘方向呢？因為順時鐘方向旋轉的能量會將事物帶到你身邊，逆時鐘方向旋轉的動作則會消除或驅逐你不想要的事物。

月魔宴慶典有時候也包括將月亮的能量吸引過來。基本上來說，這種象徵性的活動，還包括 Cakes and Ale（蛋糕和啤酒）的儀式。

在這個圓圈內，主持儀式的人將液體裝滿聖餐杯或其他的杯子，可用你喜歡的任何飲料或當季的食材，例如夏天的檸檬汁、秋天的蘋果汁，若是慶祝特別的場合時，也可以用香檳（這就是儀式

中屬於「Ale」的部分）。主持人舉杯向月，念誦選好的禱詞，請求月之女神將她的智慧和能量充滿聖杯，然後將聖杯以順時鐘方向在圓圈中傳遞，讓每個人喝下去。當傳遞後，說類似這樣的話：「願你永遠不再口渴。」

接下來是分享「Cakes」，自製的種籽麵包，或是店裡買的餅乾都可以。在團體中傳遞聖餐杯時，說類似這樣的話：「願你永遠不再飢餓。」

吸引月神能量的儀式通常會朗誦啟發人心的《女神的誡命（Charge of the Goddess）》當作結束儀式的句子（一般說法是由多琳．瓦利安特 Doreen Valiente 所撰寫）。

結束時，團體成員設定意圖來解散這個圓圈，或是朝逆時鐘方向走，釋放它的能量。花一點時間感謝大地的支持及月亮的指引。

為什麼是圓圈？

作為一種象徵，圓圈代表生命的循環、永恆和宇宙。回溯到時間之始的螺旋形混沌世界，在自然界中到處充滿圓圈。例如地球和月亮、土星的行星環、樹木的年輪、你眼睛中的虹膜、池塘裡的漣漪、向日葵中間生長種籽的圓頭、颱風眼、玫瑰花上的雨滴、我們的指紋——這些都是神聖的圓圈（聖環）跟大自然的聯繫。

以
藥草和大自然
駕馭
月亮魔法

現在該是將月亮的啟示、療癒能量和魔法力量引入你生活中的時候了。使用藥草和大自然之力，我們將會探討如何顯化月亮的能量來加強你的意圖和行動。這些天然的物品與生俱來的能量，能幫助連結並增強你的能量震動，因此能連結你跟月亮的能量。

記住，進行所有的「魔法」工作時，除了你自己在場和專注的意圖設定、與你周圍的自然律動調整一致之外，任何特別的器具都不是必要的。月相會引導你，其他的東西只是增添氣氛而已。所以，使用你現有的，買你需要的東西即可，或者只要讓你內在的女神引導你的思緒，你自己的直覺就是魔法袋中最好的工具。

常見的藥草和它們的含義
COMMON HERBS AND THEIR MEANINGS

就像花朵有它們的花語一般，例如紅色的玫瑰，有人知道它的花語嗎？……藥草也有它們想說的事情，這種象徵性的含義通常要追溯到幾千年前。

雖然幾乎任何一種藥草都能用來當作你月亮儀式的一部分，但在任何魔法月相期間，從藥草的含義中選一種在某個特定時間能支持你意圖的藥草可能會很有幫助。在這個章節裡，我會列出一些常見可用的藥草。你當然也可嘗試其他種藥草，只要在心中始終牢記著自己的意圖是什麼。

以下是在四大月相中一些藥草的建議，能在你想要進一步追求目標和實現意圖時，獲取她天生的智慧和指引。當你感覺更自在時，可擴展你所使用的藥草種類，在每個月其餘的月相期間增加你的魔法工作。這些事情沒有對與錯，只有你感覺、需要和想要什麼。

注意：雖然這裡提到的大部分藥草都是烹飪常用的藥草，但請了解不是每一種藥草都可以安全食用，為了安全起見，在食用任何藥草之前，請先跟你的健康護理人員討論。

歐白芷（**Angelica**）：療癒、保護

羅勒（**Basil**）：富裕、勇氣、打開心胸原諒他人、良好的意念

月桂葉（**Bay leaf**）：淨化、實力、名氣、獎勵

月桂葉

樟樹（**Camphor**）：占卜

洋甘菊（**Chamomile**）：長壽、金錢、耐心、睡眠

細香蔥（**Chives**）：有效性

肉桂（**Cinnamon**）：豐裕、靈通力、靈性

芫荽子（**Coriander**）：隱藏的資產

洋甘菊

蒔蘿（**Dill**）：運氣、對抗邪惡的力量、保存

茴香（**Fennel**）：勇氣、值得稱讚的

葫蘆巴（**Fenugreek**）：金錢

大蒜（**Garlic**）：驅邪、療癒、保護

帚石楠（**Heather**）：接納、求雨

茉莉花（**Jasmine**）：豐裕、預知夢

薰衣草（**Lavender**）：快樂、安定、美德

薰衣草

檸檬香蜂草（Lemon balm）：成功、同情心

歐亞甘草（Licorice）：忠貞、愛、強烈的慾望

薄荷（Mint）：提神、旅行

陰地蕨（Moonwort）：愛、金錢

艾蒿（Mugwort）：預知夢、靈通力、實力

薄荷

芥末（Mustard）：生育繁殖

香桃木（Myrtle）：生育繁殖、忠貞、愛、金錢

奧勒岡草（Oregano）：實質、物質

歐芹（Parsley）：歡樂、愛

迷迭香（Rosemary）：接納、清明、愛、記憶力

芥末

鼠尾草（Sage）：永生、智慧

檀香木（Sandalwood）：保護、靈性

百里香（Thyme）：活動力、勇氣

薑黃（Turmeric）：清明、淨化

香菫菜（Violet）：運氣、安定、願望

迷迭香

柳樹（Willow）：迷人、愛情

藥草和月相
HERBS AND THE MOON'S PHASES

新 月

當能量開始積聚，並且可能需要一點推力時，
用來啟發和刺激動機的藥草

可以混合檸檬馬鞭草、檸檬百里香和薑，或是只用胡椒薄荷來
提振精力。

漸 盈 月

用來醒腦（和清除腦中的蜘蛛網）、滋養和恢復精力的藥草，
讓你能專注於手邊的工作

喝杯單方的藥草茶，可用迷迭香、百里香、人參或羅勒任一種。

滿 月

用來幫你釋放負面情緒的藥草，還能消除散亂的心，
讓你感覺平衡和集中

用檸檬草加薑，或是泡一杯聖約翰草茶（St. John's Wort）。

漸 虧 月

放鬆的藥草能幫助你放慢步調，打開你的心智和心靈，
強化你的直覺力，讓你更容易接受大自然的訊息和訊號；
這是一段適合寬恕、原諒的時間

泡一杯薰衣草和洋甘菊茶，然後忘掉世上所有的煩惱。

冥想和月亮魔法
MEDITATION AND MOON MAGIC

很多人都知道花點時間待在大自然中對心靈、心智和靈魂有益。感受溫暖的陽光灑在臉上，呼吸潔淨、清新的空氣，聆聽春天鳥兒們愉悅的合唱，聞著花園中花朵盛開的芬芳，這些簡單的活動都能讓人放慢步調，平靜地呼吸，品味著當下。以正念覺察的方式，也就是刻意專注在當下這個時刻，體驗伴隨此刻生起的所有思緒和感受——這樣做能讓我們冷靜下來，並提升整體的健康。這樣也能讓人增加自信和培養有目標的人生或是成就感。

所有大自然的週期都很慷慨地提供它們的恩賜，結合大自然的恩賜與魔法的月相有助於提升我們人類進入神聖的境界。對月亮之母張開你的雙臂，讓她帶你進入她的懷抱。

冥想的基本原則

冥想是做沉思和反省，或是進行心靈修練（專注在呼吸上，或是重複念誦真言或咒語（Mantra））進而達到一種高層次的心靈感知。佛教徒修練冥想已經幾千年了，他們相信冥想能培養專注力、清明的頭腦、積極向上的情緒和看清事實真相的冷靜。當你專心觀察你的思緒時，會消除腦中雜亂無止盡的事情清單，這些事情可能讓你產生壓力、憂慮，或讓你難以專心做任何決策。

世上有很多種不同的冥想修練法。為了達到我們的目的，大多提到的類型通常是正念冥想，努力增加對當下時刻的覺知，如實體驗當下的思緒、感覺和感受，我的意思是指沒有任何先入為主的念

頭或批判。

對現代練習冥想的人來說，這可能是減壓和降低焦慮的常見方式。如果你有進行過冥想一段時間，應該已經體驗到它對你的人生帶來了許多好處。如果沒有冥想過的話，試試看也沒什麼損失，這沒有對與錯，也不用花很多時間。雖然冥想對使用月亮魔法並非必要，但它能提供另一種方式讓你能深入自己內在的思緒和感受，進而將這些思緒感受變成讓你達成目標的意圖設定。

經常冥想能帶來一種感覺放鬆自在的轉變，學習專心關注自己的思緒能幫我們清除堆積在腦中的許多雜念，能幫我們看清什麼是重要的事情，更重要的是，能讓我們單純的安穩於當下片刻。

據說冥想能改善身體和心理的整體健康，包括有助於培養在壓力的情況下拓展新的觀點、減少負面情緒和反應、提高創造力、養成接納的心態、減輕痛苦和增加幸福感。冥想也能協助你培養直覺力，這對你所有的魔法工作都有幫助。

冥想不需要買很多東西，也不需要任何高級的器具或裝備，只要有一個安靜的地方（在戶外大自然中冥想是最好的選擇），一個舒服的姿勢和一個敞開的心，如果你喜歡設定冥想的時間，也許需要一個聲音輕柔的鬧鐘。你想用多高雅的方式都隨你高興，可以用精油、水晶、蠟燭、其它儀式類的東西，或者只是簡單的做呼吸練習也可以。不管你選擇怎麼做，盡量經常冥想，沒有任何規定，也不要有壓力。

✳ 在你選擇的安靜地點，舒適地坐下來。
   閉上你的眼睛以減少分心的機會。
✳ 用鼻子自然的吸氣和吐氣，把注意力放在吸氣和吐氣上。讓自己身心放鬆，溫和自然地呼吸。

* 當你專注在呼吸上時，你的心思可能會跑走，只要溫和地把注意力拉回呼吸上，繼續專心呼吸即可。

* 你也可以用另一種方式，在你繼續專注呼吸時，掃描自己的身體，把注意力放在某一個部位，然後再移到下一個部位——先從你的腳趾頭開始，慢慢往上逐一移到你的頭皮上。如果有任何一個部位感到緊繃或疼痛時，就把注意力放在那個部位，專心呼吸直到它放鬆下來後再移往下一個部位。重複一遍，如果你的注意力跑掉了，再溫和地拉回來就好，重新專注和繼續這個過程。

配合月亮冥想

冥想很有用，有多種方式可將冥想融入月亮魔法的練習中。把它變成你個人的方式，把它變成你獨有的方式，並且讓它變得更有趣。下面提供了一些好點子。

* 祈求你最喜愛的月亮女神到你下一次的冥想時段中，並且專心想著她會帶來的特質（請看第 40 頁）。

* 將你最喜歡的水晶，或是你想修練某種能量的相應水晶，在你冥想時放在身旁（請看第 62 頁）。

* 點一根蠟燭或用精油香氛機幫你培養情緒。記得要設定聲音輕柔的鬧鐘，這樣蠟燭才不會燒過頭，還要在附近放一些在需要時可協助滅火的東西。

* 下一次冥想時，可專心思考某個麻煩的問題，或是某個機會，有助於清除內心的障礙。

* 冥想深思最近做的意圖設定和你想得到的結果。

* 在下一個滿月的月光下冥想，以獲得最大的利益，讓你跟宇宙能量達到協調統一。

* 寫下某個問題之後，冥想深思什麼事情最能引起你的共鳴。

* 冥想同時做月光浴（請看第 126 頁），以達到最高的淨化效果和放鬆體驗。

* 每天晚上冥想五分鐘，感謝月亮的魔法能量，以及對當天生活中遇到的事情表示感恩。

* 當感覺你的月亮週期不順時，冥想尋求洞察力和冷靜的心。

以
水晶和寶石
駕馭
月亮魔法

在地球中心經歷數千年後，水晶和寶石被創造出來，它們吸收了地球的能量和訊息，還有太陽、月亮和海洋發出的能量，天然的水晶和寶石擁有這些力量，所散發出的能量能幫助你提升個人的振動，加強你的靈通力和直覺力。它們具有地球天然的脈衝、地球的氣息，如果你仔細聆聽的話，它們甚至會對你說話。在你的月亮魔法工作中加入水晶和它們獨特的能量，能幫助你放大月亮的訊息，駕馭她的能量，為你的人生注入獨特的力量。

當我們將自己的能量和意圖集中投入水晶時，水晶會將它們保存起來，它們的存在會提醒你，你最重要的事是什麼。

我們在水晶和寶石中除了能找到與生俱來的火與美之外，它們各自擁有適合運用在某個領域的獨特力量、能量（通常是療癒的能量）和意義。根據你的目的來選擇運用哪些水晶和寶石，這表示它們會跟著你改變，或者純粹只是因為你喜歡，感覺它們跟你有「共鳴」而使用它們——也許你感覺你的誕生石擁有特殊的力量，或別人送你的某個寶石跟你有意想不到的聯繫。無論它是大是小都不重要，也不必很昂貴。接下來提到的都是一般常見的水晶和寶石。

水晶、寶石和月亮魔法
CRYSTALS, GEMSTONES, AND MOON MAGIC

我們來看看一些能用在月亮儀式中的基礎水晶，尤其是月光石（moonstone）、白水晶（clear quartz）、透石膏（selenite）、捷克隕石（moldavite）、黃水晶（citrine）、虎眼石（tiger's eye）、翠玉（green jade）、粉晶（rose quartz）和喜馬拉雅粉紅鹽（Himalayan salt，又稱玫瑰鹽），還有每一種傳統誕生石的屬性。當你對這些礦石的興趣增加之後，市面上有很多關於這類的書籍，能幫助擴大你的收藏。

配戴在身上或帶在身邊

不管你怎麼配戴水晶──原礦的形狀、拋光過，或精緻打磨過──當作珠寶佩戴，或是帶在身邊，都隨個人喜好決定。也可以隨意放在你的書桌上、放在你冥想或睡覺的地方，或放在窗台上防止負能量進入你的生活空間。不管你需要怎麼使用它們，它們都會在那裡陪著你。了解每一種水晶的基本特性，選擇讓你感覺「合拍」的水晶。建議先從基本的種類開始，再陸續增加。

月光石 MOONSTONE
最適用的月相：所有月相

曾有人相信月光石是從月光裡生成的，傳統上是用來幫助你接收自然盛衰消長的月亮能量，還能幫助你欣然接納人生中自然律動的盈虧起落。如果你正在處理強烈的情緒或需要恢復冷靜和平衡，這會是很適合你的寶石。它也是深思反省的寶石，能幫你內觀自己，並且找到寬恕、原諒。月光石在月光下會活躍起來，就像你的意圖會跟著月亮的光芒和能量一起活絡起來。因為月光石是代表新的開始和生殖力的寶石，新月是繁殖力特別強的時間，最適合將它使用在你的月亮魔法儀式中。它通常也跟水象星座有關（請看第92頁）。

將你的月光石放在一杯水中，舉杯向月，默念或大聲地說：

> 不管是好或不好，不管停下或前進，
> 願這明亮的光芒輕翩起舞，
> 展現安寧和幸福。

花點時間感謝你所擁有的一切，並且對即將發生的事情充滿希望。

白水晶 CLEAR QUARTZ
最適用的月相：滿月

白水晶是很基本的配備，但卻是極度強大和通用的水晶——這表示，不管你給它什麼，它都能接收。它強大的能量在滿月時期特別有用，但別因為這點而限制了你跟它的互動。當你使用白水晶設定意念時，一定要精確，而且它會完全吸收。一定要仔細聆聽它傳遞回來的能量振動頻率。它適用所有用途的性質令人激賞，這種水晶對所有黃道星座都很有幫助（請看第 96 頁），它能擴大意圖、化解負能量和獲得接納，而且它也是智慧的水晶。

當選擇太多，令人難以抉擇時，可向白水晶尋求力量。手握水晶，感受它溫暖的能量，結合月亮的能量來加強你的專注力。默唸或大聲地說：

此刻，我知道我必須決定什麼是正確和真實，
月亮啊！祈求妳能藉水晶的洞察力，指引我做出選擇。
我正在靜寂中聆聽，等待能聽到我靈思的指引。

透石膏 / 玄精石 SELENITE
最適用的月相：新月和滿月

透石膏是以泰坦月之女神塞勒涅（Selene）來命名的。這個具有療癒和保護功能的水晶很容易使用，而且對所有的事情都有益處。它能幫助我們轉化負能量、讓身體恢復平衡、接通高層次的護法神。最簡單的使用法是配合煙燻法——不管是用在生活空間或用在自己身上清除或釋放周圍所有的負能量都可以（請看第116頁）。透石膏淨化的能量搭配新月或滿月時效果特別好，能將過去不好的經歷淨化然後重新開始，讓你清楚看見前方的道路。據說透石膏也能幫助坦率和誠實，因此有助於良好的人際關係。金牛座（請看第96頁）跟透石膏特別相配。

可在任何清除障礙的儀式中使用它，讓正能量接管一切。

當懷疑和恐懼接近時，請掃除門前的陰影。
在你的療癒場中，沒有任何人會受到傷害。
藉天上的月亮和水晶護符，我感覺強而有力。

捷克隕石 MOLDAVITE
最適用的月相：滿月

一顆真正的星辰誕生了！捷克隕石是地球上最稀有的物質。它被當作寶石使用，但理論上來說，它其實是玻璃，這個振動頻率極高的水晶是大約一千五百萬年前一顆巨大的隕石跟地球衝撞後形成的。在捷克的莫爾道河附近是唯一能找到這種變異寶石的地方（因此被稱為捷克隕石）。據說它的能量能帶來療癒功效，尤其對接通心智和心靈、發掘或增強直覺力、加速改變和增強能量特別有效。因為它是從星辰誕生，每一種黃道星座使用它都能獲得好處。

捷克隕石強大無比的能量使它特別適合在月亮儀式中冥想時使用。它極為強烈的振動能量能帶來最深沉的效果，協助完成你想要的改變。

天堂誕生的隕石，請指引我在凡間的生活。
讓月光穿透黑暗，溫柔照亮前方的道路。
帶來我尋求的改變，或改變我的思維，我祈禱
心智和心靈能直覺的知曉，人生中我要扮演的角色。

黃水晶 CITRINE
最適用的月相：新月、漸盈月和滿月

這個可愛的陽光色寶石能注入樂觀並吸引繁榮興旺。新獲得或增加的財富當然有可能會以金錢的形態出現，但也可能是以健康快樂的人生來呈現。在新月和滿月期間，分別代表新的開始和豐足，這時正是將黃水晶加入儀式中的最佳時機。

花一分鐘將你的意念投注到黃水晶裡，在整個月亮週期全程都帶在身邊，不管是放在錢包裡、書桌上或配戴在身上都可以。準備好時，默唸或大聲地說：

為了健康：

> 慷慨、豐富、喜悅的月亮，今後請豐盛我的人生。
> 快樂的我，將很樂意在沒有衝突下變得更富裕。

為了財富，或者至少改善收入：

> 滿月，我真心為我的家人、朋友和我自己祈求財富。
> 將妳的月光照在我的請求上，也許我就能成為富有的人。

花點時間為你人生中現有的富足表達感恩之意。

虎眼石 TIGER'S EYE
最適用的月相：盈凸月

　　虎眼石這個名字取得很貼切，據說它能帶來看見、觀察和感應的能力，帶來不同的觀點引導至和諧的局面——就像是多了一雙眼睛去看問題。它能化解恐懼和焦慮，給人採取行動的自信，提供能貫徹始終的意志力。虎眼石的能量自然能對應盈凸月的月相，當能量和刺激不斷增加時，頭腦清明能帶給人另一種觀點。偏愛高生產力的魔羯座可能會覺得這寶石很實用。

　　握著虎眼石，默唸或大聲地說：

　　　明亮閃耀的虎眼石，請給我你的力量，
　　讓我能看清四周，知道計畫和行動需要什麼，
　　請給我強大的勇氣和智慧來達成我渴望的目標。

翠玉 GREEN JADE
最適用的月相：所有月相

　　翠玉能帶來財富、繁榮和絕佳的好運，據說能守護充滿愛的心。在月相週期的任何時間都能召喚翠玉的能量，並且期待滿月時實現你的意圖願望。天秤座可能會覺得這種寶石特別有吸引力。

　　握著翠玉，默唸或大聲地說：

他們說翠玉是為好運而生，
月亮點頭道：「我贊同。」
我需要好運──需要偶然的機會。
所以，請賜給我妳的幫助，
讓好的業力來敲門，或許我就會「走運」！

粉水晶 ROSE QUARTZ
最適用的月相：盈凸月和虧缺月

粉水晶代表一種對自己和他人無條件的愛。這是另一種很適合天秤座的水晶，不過我們所有人都需要愛並想要愛，自愛就是一個很好的開始。好的磁場會吸引好的磁場頻率，你很快就會發現自己想戀愛的夢想成真。粉水晶最適合在虧缺月時使用，當月相週期即將進入尾聲時，培養愛和感恩的感覺。

隨身攜帶粉水晶，在你需要的時候，隨時用它來接收月亮愛的能量。為了增加額外的力量，可默唸或大聲地說：

天上慈愛、溫暖的月亮，親切照護我的心靈，
請將妳溫柔的擁抱和安慰的話語從空中傳送下來。
在道路上指引我，讓我找到愛的最佳禮物。

喜馬拉雅粉紅鹽 HIMALAYAN SALT
最適用的月相：新月

　　對，喜馬拉雅粉紅鹽其實是一種水晶，一種充滿古老的海洋和大地振動能量的水晶，它已經生長兩億五千萬年了，而且是提升個人振動頻率的強大工具，它含有我們身體所需的八十多種微量元素和礦物質。它的振動頻率屬性跟粉水晶相似，能淨化和保護我們不受負能量的侵害。喜馬拉雅粉紅鹽廣為人知的療癒屬性是大自然之母給我們的最佳禮物。

　　不管是撒在自製餅乾裡、抹在瑪格麗特調酒的酒杯邊緣，或是撒到讓人放鬆和平靜的泡澡水裡（請看第 126 頁），從地底開採出來的喜馬拉雅粉紅鹽和月亮從天而降的偉大智慧，能創造出魔法處方。不管你選擇什麼樣的儀式，看著月亮，準備好之後，默唸或大聲地說：

　　　　儲存在大地之鹽中療癒、保護和活力的能量
　　　　讓可愛的人生每天都保持鮮美如新的絕佳美味。
　　　我聽到嬉笑聲和遊玩的樂音，以及來自月亮的訊息：
　　她說，不要遲疑，今天就隨生命和愛的甜美樂音起舞吧！

誕生石能量和月亮魔法
BIRTHSTONE ENERGIES AND MOON MAGIC

用你的誕生石配合月相的力量來做水晶儀式，能增加良好的振動能量，或許能讓你有更強烈的感覺。據說配戴誕生石能帶來好運和健康。下面列出的是傳統上與每個月出生有關的寶石，以及如何使用它們獨特的能量來支援你的月亮魔法的建議。

補充滿月能量

就像我們需要時間充電補充能量或讓自己重啟，例如晚上睡個好覺、安排放鬆身心的假期或單純獨處的時間，水晶也一樣能因此獲益。不，我不是說你要帶著水晶和寶石去度假，只要將它們放在滿月的魔法月光下充電／重新調頻就有效果了，或是加一點喜馬拉雅粉紅鹽到一杯水裡，讓它做一個晚上的月光浴（只有那些適合泡水的水晶寶石才可以）。要常補充能量，這沒有一定的規則，當它們需要淨化時，你或許能感覺到（如果你經常使用，就會熟悉它們的能量）。所以，只要將水晶寶石放在可以吸收滿月能量的地方，它們就會自行補充能量。當你需要再次使用時，它們就已經充飽能量，隨時可以使用了。

一月
石榴石
（Garnet）
——

涵義：據說石榴石能讓配戴者旅行時保平安。

能量：能增加強大的活力和精力，它也能淨化和幫助愛與奉獻。

手握一塊石榴石，默唸或大聲地說：
當流浪癖出現，你非去旅行不可時，隨身攜帶石榴石，直到旅行結束為止。在旅程中從頭到尾攜帶它的人，回家時將會更有智慧。

二月
紫水晶
（Amethyst）
——

涵義：在過去某個時期，只有王公貴族才能擁有它，據說這種水晶可以建立與人的關係，也能保護人不醉酒（也很適合在月光舞會時配戴！）。

能量：紫水晶有很強的療癒和鎮靜的振動頻率，能強化內在的力量，並且保護精神和心靈。

手握一塊紫水晶，默唸或大聲地說：
不管源頭來自何處，請趕走煩惱和疑慮。配戴紫水晶時，讓它靠近心臟。只要看一眼，你就會知道這個顏色真正的魔力，它能降伏邪魔、治療人心。

三 月
藍晶 /
海藍寶石
（Aquamarine）

——

涵義：據說飲用浸泡過這種寶石的水能治療心臟、肝臟和腸胃的疾病。

能量：海藍寶石有助於化解憤怒和減輕壓力，帶給你面對人生任何困境的勇氣。

手握一塊海藍寶石，默唸或大聲地說：
當人生拋出一顆曲線球時，記得要深呼吸，拿一顆水亮光澤的寶石。想像自己漂在煩惱的急流之上，直到來到一片平靜安全的水域時才停下來。

四 月
鑽石
（Diamond）

——

涵義：鑽石象徵天長地久的愛情，據說也能帶給人勇氣（這兩者配在一起蠻有道理的）。然而，若是為了效果或得到名望而配戴鑽石，在愛情中會帶來反效果。

能量：它天生能擴大身體和靈性的能量，這種寶石永遠不需要補充能量。

手握一顆鑽石，默唸或大聲地說：
鑽石散發著明光異彩，它燦爛的亮光，能將你獨特的美麗展現出來。透過它的光澤傳達你愛的訊息，或是在它的閃光中，尋求真理的本質。

五月
翡翠
（Emerald）

涵義：翡翠象徵智慧、成長和耐心。

能量：這種寶石有助於釋放負能量，並且打開你的心接納愛和內在的堅強力量。

手握翡翠，默念或大聲地說：

當我們急切地想要邁向下一個階段時，

尋求翡翠的魔法，幫我指引道路。

六月
珍珠
（Pearl）

涵義：傳統上珍珠象徵純潔和內在智慧。

能量：雖然不是真正的水晶，配戴珍珠卻能加強忠誠、誠實和真摯。

手握一顆珍珠，默唸或大聲地說：

你手中微光閃爍的珍珠，它的柔和圓潤和完美會提醒你最高層次的愛。你在這份來自大海的禮物中能看見對自己的愛和忠於自己的心。

七月
紅寶石
（Ruby）
―――

涵義：紅寶石的紅色象徵愛情和熱情。

能量：這種寶石華麗的顏色能提升能量、感官享受和活力。

手握一顆紅寶石，默唸或大聲地說：
當空氣中充滿熱情的愛時，寶石的紅色會點燃它。配戴者要小心，別人可能會盯著你看，因為你的能量就像黑夜中耀眼的光芒。

八月
橄欖石
（Peridot）
―――

涵義：橄欖石象徵實力。

能量：這種寶石有助於繁榮與和平。

手握橄欖石，默唸或大聲地說：
綠色永遠能帶來好運，橄欖石的色彩也是一樣。此時的幸運是你臉上的鎮定和你心中的勇氣和力量。

九月
藍寶石
（Sapphire）

———

涵義：藍寶石是另一種象徵純潔和智慧的寶石。

能量：藍寶石的能量具有鎮定效果。可使用它來加強自己的信念和培養自我肯定。

手握一顆藍寶石，默唸或大聲地說：

有人說清涼冷靜如小黃瓜，但是清涼冷靜如藍寶石更能讓人輕鬆度日。

十月
蛋白石
（Opal）

———

涵義：蛋白石象徵忠實和自信。

能量：這種寶石會激發創意，散發出保護性的氣場。

手握蛋白石，默唸或大聲地說：

炫麗的色彩在光線照射下變化無窮，難怪這個寶石會讓人如此著迷。彷彿變色龍的魅力，變化並且卸下武裝，讓配戴者感覺強大、自由和聰明。

十一月
黃玉／黃晶／
黃寶石
（Topaz）

———

涵義：黃玉象徵愛情和感情。

能量：這個寶石能提升誠實坦率、內在智慧和心胸開明。

手握一塊黃玉，默唸或大聲地說：

這顆金黃色的寶石，像太陽一樣明亮，它的火光能照亮你的世界。配戴這種護身符時，可尋求你需要的一切，從智慧、愛情到想要的任何事物。

十二月
綠松石
（Turquoise）

———

涵義：據說綠松石能帶來好運和財富。

能量：這個療癒的寶石能強化你的精神調頻，並提高清晰的溝通力。

手握綠松石，默唸或大聲地說：

滿月和綠松石和諧交融，吟唱著甜蜜的海妖之歌。你聽，我祈禱你能聽見他們說的話，然後隨著話語的韻律搖擺起舞。

以
精油和蠟燭
駕馭
月亮魔法

如果你想讓你的月亮魔法增添一點趣味，同時又能刺激感官的話，可考慮使用精油和蠟燭。精油舒緩、振奮或提神的味道可以配合你的心情或意圖使用，而且蠟燭的顏色不僅能增加振動頻率的力量，同時也能為你進行的任何咒語或儀式增添氣氛。

精油是大家熟知的揮發性液體，天然的精油，基本上就是萃取植物的精華，例如薰衣草精油。精油包含活性植物的味道、香氣和能量，可做多方面的用途。

精油常見的用法包括嗅香，或是用香氛機散播它們的能量屬性，以達到各方面的效果，從改變心情，到催情、治頭痛等，可以塗抹在身上、加在紓壓的泡澡水裡，或是加在其他擦在身上的乳液或護膚油中。

購買精油時，會遇到很多選擇，最好找沒有添加物的純精油。

光和氧氣容易造成精油變質，所以要把它們裝在深色玻璃瓶裡，存放在陰涼的地方。如果你發現精油有些變質了，最好丟掉。

在我們學習藥草時（請看第 52 頁），可運用精油的天然屬性和能量，配合月亮變動的能量來進行儀式或咒語。要達到效果，首先要了解自己的欲望，並根據欲望來設定意圖。我們可從四大月相中尋找一些靈感，看看應該如何使用這些精油來提升良好的振動頻率（請看第 86 頁的注意事項）。

新 月

在所有的能量剛開始積聚升高，可能需要一點動力來啟動時，可沐浴在月亮充滿啟發和激勵的能量中。這是適合培養自信來面對新事物的時期。能提升精力和激發動力的精油包括：

雪松（Cedarwood）：有助於改善睡眠，讓你隔天精力更充沛。

薑（Ginger）：有促進血液循環和維持精力的功效。

陽光柑橘類（Sunny citrus）：例如柳橙和葡萄柚，能讓人立刻提振精神。

百里香（Thyme）：雖然大家熟知它的抗菌功效，但它也能消除負面情緒，能立刻改善心情。

漸 盈 月

　　適合清除和淨化心和靈，滋養和修復你的靈魂，好讓你能專注在手頭的工作上。提升淨化和自信心的精油包括：

普通鼠尾草（Common sage）：很適合淨化儀式和消除精神疲勞。

檸檬（Lemon）：它能提供清新、潔淨和提神的效果。

萊姆（Lime）：令人愉快又清爽，據說能清潔、淨化和恢復精神。

胡椒薄荷（Peppermint）：它令人熟悉的提神、刺激香氣會讓身體產生冷靜的效果，有助於減輕疼痛和病痛。

迷迭香（Rosemary）：它刺激、提神的香氣有助於改善記憶力和刺激血液循環，讓你能接受全世界的挑戰，或者至少你小部分的世界！

綠薄荷（Spearmint）：比胡椒薄荷更溫和的香氣，有助於減輕頭痛和壓力。可用胡椒薄荷和綠薄荷清爽的特質，搭配跟新點子有關的意圖。

維吉尼亞雪松（Virginian cedarwood）：有森林的味道，有助於降低焦慮和神經緊張，增加專注力。

滿 月

釋放負面情緒和消除雜亂的思緒，讓你感覺更平衡、專注和精神集中。這也是慶祝和感恩的時期。具有平衡和沉穩效果的精油包括：

乳香（Frankincense）：這個精油來自於樹脂，從古代開始就用在很多地方，但大部分比較常用在跟靈性有關的工作上。它甜美、清新、微辣的香氣能讓人鎮定和放鬆。這是東方三博士（Magi）留下來的三大禮物之一，它象徵禮拜、敬仰和感恩。

柳橙（Orange）：香甜、芬芳和提神，它給人一種慶典的愉快感覺。

廣藿香（Patchouli）：描述廣藿香味道最好的形容就是樸質的土味，不見得適合每一個人，但它有助於冥想和集中意圖。

檀香（Sandalwood）：它甜美的木質調香氣，加上深度沉穩的功效，能讓人產生內在的祥和感。

維吉尼亞雪松（Virginian cedarwood）：它也很適合用在這個月相；可參考關於漸盈月的用法（第 83 頁）。

漸虧月

放輕鬆、放慢步調，打開你的心和靈，加強你的直覺力，讓你能接收大自然的訊息和信號；這是寬恕和放下的時期。放鬆和療癒類的精油包括：

快樂鼠尾草（Clary sage）：草本、花香和些微果香味的香氣，有助於鎮定神經和開啟你天生的直覺力。

天竺葵（Geranium）：它有著濃烈的花香味，可能需要調整一下，但少量使用具有鎮定的效果。

薰衣草（Lavender）：備受喜愛的常年生植物，當我們需要減壓和放鬆，甚至助眠的時候，通常都會先想到用這款精油。

羅馬洋甘菊（Roman chamomile）：明亮、清爽的香氣有助於化解壓力和憤怒。羅馬洋甘菊跟薰衣草一樣也有助眠的效果。

玫瑰（Rose）：據說這個精油的香氛具有鎮定和療癒的功效。

依蘭（Ylang-ylang）：它精緻、帶點果香味的花香氣息，有助於提升創造力、減輕壓力和化解怒氣。

注意事項

　　精油的效果可能會很強烈，使用前請仔細閱讀標籤上的安全使用和預防措施事項。並非所有精油擦在身上都很安全，甚至不同的品牌，品質上也不一樣。精油可能會造成疼痛、發炎或過敏，甚至是中毒反應。

　　如果要將精油塗抹在身上，請先在皮膚上一小塊區域測試一下，確定不會有不良反應，而且只能抹在腳上、手臂和腿上，避免用在生殖器和臉部。

　　絕對不要口服精油。

　　不要塗在受傷的皮膚上，也不要讓小孩、孕婦、寵物或老年人使用，他們對精油的特性可能會較為過敏。

※ 編注：精油不建議直接使用於皮膚上，建議混合基底油後再塗抹於皮膚，較為安全。

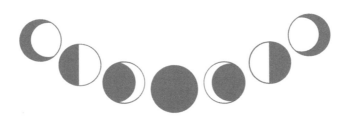

蠟燭和月亮魔法

CANDLES AND MOON MAGIC

蠟燭是人造的，所以不像天然藥草、精油或寶石本身具有振動能量（蜜蠟或黃豆製作的蠟燭由於源自於大自然的關係，可能有稍微多一點的能量）。但當你了解某個顏色對某種能量的反應特別好的時候，可以用那種顏色的蠟燭來加強你的意圖設定，在做月亮魔法的例行儀式中最適合使用蠟燭。

陽光包含所有顏色的光譜，透過稜鏡能分離出彩虹般的個別色彩。組成陽光的每一種顏色分別代表不同的能量層次／頻率／振動，就像水晶的頻率對我們會有不同的、獨特的影響力一樣。蠟燭魔法也告訴我們，特定的蠟燭可能要用在每週特定的日子，因為它們的顏色也跟不同的天體有關。

雖然每根蠟燭的顏色可能不一樣，不管是紅色、綠色、黑色等，每種顏色的蠟燭燃燒時都會發出同樣顏色的燭光。所以，你可以考慮將天然染色的蠟燭放在各種不同顏色的燭台，甚至是用特定水晶或寶石製作的燭台上，或者只要專注在燭光本身，燭光象徵月亮最圓時的光芒，請依據你的目標來吸收它的能量。

以下是關於蠟燭顏色和涵義的簡要指南，能幫助你進一步運用月亮魔法的能量。

黑色

涵義：防止負能量

對應的日子／額外能量的天體：星期六（土星）

藍色和深藍色

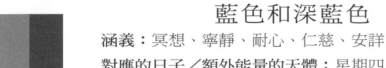

涵義：冥想、寧靜、耐心、仁慈、安詳

對應的日子／額外能量的天體：星期四（木星）

綠色

涵義：成長、金錢、繁殖、好運、豐盛、更新、成功

對應的日子／額外能量的天體：星期五（金星）

薰衣草色

涵義：直覺、安詳、靈性成長、保護

對應的日子／額外能量的天體：所有日子和所有天體

橘色和金色

涵義：歡樂、精力、生殖、創造力、改運、吸引力、刺激

對應的日子／額外能量的天體：星期天（太陽）

紫色

涵義：靈性覺知、智慧

對應的日子／額外能量的天體：星期三（水星）

紅色和深紅色

涵義：熱情、精力、愛情、力量、勇氣

對應的日子／額外能量的天體：星期二（火星）

玫瑰色和粉紅色

涵義：愛情、友情、和諧、歡樂、忠誠、寬恕

對應的日子／額外能量的天體：所有日子和所有天體

白色、銀色和灰色

涵義：淨化、安詳、真實、靈視力

對應的日子／額外能量的天體：星期一（月亮）

黃色

涵義：個人力量和自我肯定（自尊心）；實現和顯化

思想、自信、創造力、頭腦清明、直覺

對應的日子／額外能量的天體：星期日（太陽）

月亮、占星術
—和—
塔羅牌

數千年前，我們的祖先曾經仰望天空，藉助天體來解釋未知的事物。結合魔法元素和神祕學，再加上一點科學，占星術是長久以來古人研究星辰和星球的成果，藉著觀察星球在天空中的移動位置來決定它們對我們生活的影響力。占星術以參考十二個黃道星座為基礎，來占卜你的未來和預知你的天宮圖。

每一個黃道星座都根源於大自然，搭配各自專屬的元素——地、水、火、風——更能顯露出你的性格。

同樣的，現今的塔羅牌雖然只有幾百年的歷史，據信是西元1300年起源於義大利，當時只是一種簡單的牌卡遊戲，加上參考占星學、大自然和很多自我覺醒層面的知識，而且不帶有任何邪惡或黑魔法，竟然就能準確的占卜出一個人過去和未來的走向（令人驚訝！）。現代最受歡迎的塔羅牌是萊德偉特塔羅牌（Rider-Waite deck），加上各種宗教的原理、占星術的象徵符號和大自然的元素。

當我們想藉魔法來窺探我們的日常生活時，可以利用占星術、塔羅牌與月相互相對應的關係。

黃道十二宮星座
ASTROLOGICAL SIGNS

　　每一個星座都對應一個出生月份，包括能判斷你個性的特徵；這些星座能幫助你了解，自己在世上會展現出哪一部分的自我特質，藉此全力發揮這些特質的潛力，同時讓你能謹慎不偏離正軌。大部分人依出生日期和月份來推算，至少能知道自己的太陽星座，或是「星座」。若是不確定呢？請參考第 96~99 頁。

　　黃道星座跟某些特定的性格特質有關，如果你的星座屬於火象或風象，通常你會比較偏向積極／外向（男性化）的特質，水象和土象星座則剛好相反，比較偏向善於接受／纖細敏感（女性化）。

　　滿月會在一年中重複出現，經過每一個星座時，跟那一個星座有關的特質便會放大加強，直覺力夠敏銳的人就能感覺到。下面幾頁提供了每一個星座重要特質的大致印象，包括好的和不怎麼好的特質。可以先找到你的星座，然後在下一個滿月期間，看看你有哪些特質會完全顯現，還有哪些特質可能會需要，呃，多一點管理，以便幫助你更能活在當下，並且活出你最有意義、有目標的人生。請根據這些對應特質來設定意圖，打開心扉去接受滿月的能量。

月相和你的星座

　　我們已經知道，八大月相是一個完整的週期，每一個月相都有它自己獨特的能量。活躍性的月相，適合設定意圖、做決定、完成目標，而反思性或接受性的月相，是能量衰減的時期，適合反省和調整。

活躍性的月相

✳ 新月

✳ 上弦月

✳ 滿月

✳ 下弦月

反思性的月相

✳ 眉月

✳ 盈凸月

✳ 虧缺月

✳ 殘月

請記住你誕生星座的性格特徵，當月亮經過八大月相的每一個月相時，你會感覺到月相對你的星座產生的影響力。

精油和黃道星座

精油在你的月亮儀式中可以淨化場所、強化感官和壓制負能量。每一個黃道星座跟某種精油都有特別的親和力，請看第 96~99 頁，為了幫助你專注在月亮魔法上，建議可以選擇使用精油。剛開始使用時選書裡推薦的精油可能特別合適，但不要侷限自己，也可以享受實驗的趣味，想嘗試多少種都隨你喜歡。參考一些對精油特性和星座特質的研究文獻，可以讓你發想出更有創意的搭配。

新 月

身為活躍的月相，這段黑暗期與發現新事物有關。整個格局尚未完全被照亮，所以要多注意接收到的所有資訊，包括你的直覺。多詢問關於別人和你自己的問題，趁機從事喜愛的活動，花時間思考和回想你的目標和意圖。這是一個開啟新鮮事物的最佳時機。

眉 月

月亮逐漸增長的光芒，對應你迎接目標和挑戰時越來越堅定的決心。這時適合對你想達成的目標發願，這麼做也表示你完全了解為什麼你的目標這麼重要。讓直覺引導你，不要被困難的挑戰威懾住而放棄。可以多在不尋常的地方尋找資訊。

上 弦 月

另一個活躍的月相，這是展望未來，放下過去的最佳時機。不要記仇，做點能幫助他人的事，同時也能幫助你自己。你有顯化自己意圖的能力，回想你的計劃，大膽的採取行動，向前邁進。

盈 凸 月

不管你的計劃是什麼，這個月相期間適合全心投入分析和改善。你詢問的那些問題和你付出的行動，它們達到了什麼效果？將目光鎖定在獎賞上，掃除沿途的阻礙，繼續前進。這可能有點困難，但要相信自己的直覺，知道你擁有實現目標的能力。可以多運用分析能力的技巧來解決問題。

滿 月

　　滿月的光芒能照亮一切，沒有任何陰影與懷疑。這是一個能清楚觀察事物的好機會，適合仰賴他人的合作力量來幫助你達成一直以來努力的目標，或是更清楚知道哪些事情不會成功，然後開始思考下一個新月的計畫。為已完成的事恭喜自己，並計畫跟朋友一起慶祝。你會從他人那裡學到一些事情，進而改變你對未來的看法。

虧 缺 月

　　當月相進入漸衰期，這又是一個適合反思的時期。當你回顧從週期開始到現在所學到的事情，心中會出現一些感受和情緒。從對方利益的角度，將你的見解與他人分享。體能運動和團體活動對你的身心靈都有益處。

下 弦 月

　　最後一個活躍的月相是屬於責任的月相。發現並承認自己的過失，改變自己的想法來對應下弦月。這是你在這個週期的最後機會，在月光消失之前，盡量努力朝目標邁進。現在是彌補、改進、將零星事務收尾完成和花點精力照顧自己的時間。

殘 月

　　這時適合反思視力之外的感官挑戰，在陰暗的天空中，月亮的能量會刺激你的感官。聽聽音樂吧！犒賞自己一頓大餐、冥想、享受按摩……在月亮即將進入新的週期時，做一些能恢復精力的事情。花點時間沉澱和休息，聆聽自己的心聲，準備迎接新的開始。

牡羊座
ARIES
3月21日-4月20日

大公羊：火象星座

適合在滿月光芒中發亮的特質：勇氣、決心、自信

適合在衰弱月光中消隱的特質：不耐煩、情緒化、侵略性強

搭配的精油：迷迭香（Rosemary）──味道濃烈的精油，和你一樣強烈，在你對抗不耐煩和情緒化時，它能幫助保持專一、支持自信。

金牛座
TAURUS
4月21日-5月21日

公牛：土象星座

適合在滿月光芒中發亮的特質：可靠、耐心、實際

適合在衰弱月光中消隱的特質：頑固、佔有慾強、不肯妥協

搭配的精油：玫瑰（Rose）──能柔化跟「公牛一樣強悍」的特質，減輕壓力。

雙子座
GEMINI
5月22日-6月21日

雙胞胎：風象星座

適合在滿月光芒中發亮的特質：友善、溫柔、有魅力、好奇

適合在衰弱月光中消隱的特質：緊張、神經質、反覆無常、優柔寡斷

搭配的精油：羅勒（Basil）──藉著刺激心智來支持你的雙重性格，鼓勵你天生的好奇心，以及彌補任何優柔寡斷。

螃蟹：水象星座

適合在滿月光芒中發亮的特質：擅長照顧人、勇敢、忠誠

適合在衰弱月光中消隱的特質：情緒化、防衛心強、缺乏安全感

搭配的精油：德國洋甘菊／德國藍柑橘（German（blue）chamomile）——能支持你擅長照顧人的特質，彌補天生的情緒化性格。

巨蟹座
CANCER
6月22日-7月22日

獅子：火象星座

適合在滿月光芒中發亮的特質：自尊心高、有創意、熱心

適合在衰弱月光中消隱的特質：傲慢、固執、缺乏變通

搭配的精油：茉莉（Jasmine）——獅子座天生驕傲，而且固執，可能容易感覺精疲力竭和沮喪，茉莉充滿異國風情的香味能提振心情。

獅子座
LEO
7月23日-8月22日

少女：土象星座

適合在滿月光芒中發亮的特質：善分析、具洞察力、效率高

適合在衰弱月光中消隱的特質：愛批評、焦慮、不懂玩樂

搭配的精油：薰衣草（Lavender）——提升平靜祥和的感覺，加強你天生的直覺力，紓解壓力和焦慮。

處女座
VIRGO
8月23日-9月23日

天秤座
LIBRA
9月24日-10月23日

天平：風象星座

適合在滿月光芒中發亮的特質：合作、公平、仁慈

適合在衰弱月光中消隱的特質：優柔寡斷、輕浮、膚淺

搭配的精油：天竺葵（Geranium）──就像天平的特徵一樣，能讓人冷靜和平衡，有助於恢復平靜的情緒，減輕恐懼和憂鬱。

天蠍座
SCORPIO
10月24日-11月22日

蠍子：水象星座

適合在滿月光芒中發亮的特質：熱情、勇敢、恢復力強

適合在衰弱月光中消隱的特質：情緒化、容易嫉妒、不坦率

搭配的精油：廣藿香（Patchouli）──當天生貪圖感官享樂的性格感覺有點越界的時候，可利用廣藿香把你拉回來，而且它也能減輕有時候過於尖刺的性格所引起的壓力。

射手座
SAGITTARIUS
11月23日-12月21日

半人馬：火象星座

適合在滿月光芒中發亮的特質：愛冒險、大方、聰明

適合在衰弱月光中消隱的特質：沒耐性、無禮、過度承諾

搭配的精油：黑胡椒（Black pepper）──（最好跟別的精油一起調合），它能幫助你保持警覺，小心謹慎。

山羊：土象星座

適合在滿月光芒中發亮的特質：守紀律、領導力強、善分析

適合在衰弱月光中消隱的特質：自私、高傲、自認無所不知

搭配的精油：岩蘭草（Vetiver）——有時候天生的領導者也需要放鬆、減壓和舒緩身心。

摩羯座
CAPRICORN
12月22日-1月20日

持瓶者：風象星座

適合在滿月光芒中發亮的特質：大方、慈愛、寬容、感知力

適合在衰弱月光中消隱的特質：喜怒無常、無法妥協、冷漠

搭配的精油：橙花（Neroli）——儘管你天生仁慈，有時候也會覺得孤單，因此會產生壓力和憂鬱；橙花濃烈的香味有助於安眠和減壓，能讓你再次回到水池中。

水瓶座
AQUARIUS
1月21日-2月19日

魚：水象星座

適合在滿月光芒中發亮的特質：愛做夢、慈悲、具藝術天分、直覺力強

適合在衰弱月光中消隱的特質：容易憂慮、優柔寡斷、太過信任別人

搭配的精油：香蜂草（Melissa）——創造力強的人，也是情緒化型的人，香蜂草有助於平衡極端的情緒，同時又能支持你天生的慈悲心和直覺力。

雙魚座
PISCES
2月20日-3月20日

你的星座和月蝕

記住，月蝕（請看第 35 頁）通常象徵改變，而且改變可能會讓人覺得不舒服。就算月蝕沒有停留在你月份的星座也能影響你，但若是月蝕剛好出現在你的星座期間，可以考慮做下列的事情：

牡羊座：做為黃道宮的第一個星座，月蝕代表改變的絕佳時機。你的自信和創意處在至高點，能讓你接受挑戰。即刻採取行動，但要耐心等待結果。

金牛座：金牛座很固執，象徵改變的月蝕一定會動搖你的自信心，但你很實際、有耐心的特質能讓你接納和定義這種變化，並且轉變成對你有利的改變。

雙子座：你的友善和魅力會在象徵改變的月蝕期間感覺一帆風順，毫無困難。把你容易優柔寡斷的性格放到一旁，充滿自信的大步往前邁進。做自己夢寐以求的改變，再次恢復對人生的活力。

巨蟹座：這時適合凸顯你的忠誠和擅長照顧的性格，多照顧人際關係。讓這些人際關係加強你的自信，協助你處理過去一直拖延的事情。

獅子座：獅子座可能會記恨，現在是連結你合作精神和仁慈特質，把過去的恩怨一筆勾銷的時候了。改掉壞習慣，把你想取代壞習慣的良好行為寫下來。

處女座：月蝕的陰暗可能會引起深思和內在反省。要知道這是讓你心中英勇的戰士大放光芒的時候，為了讓自己變得更好而改變。

天秤座：這個改變的時機會帶你展開新的冒險。快起身去你一直想拜訪的人物和地點，不要再拖延了。

天蠍座：你善分析的天性可能讓你重新思考老問題。採取行動去糾正過去的任何錯誤，整理一下你的生活。現在是改掉壞習慣的最佳時機。

射手座：你的創意處在最高峰，你樂意接受新的挑戰，充滿自信地踏上新的道路。

摩羯座：你是勤奮又忠誠的人。在月蝕期間，尋找互相幫助和玩樂的新機會來犒賞自己的這些特質。

水瓶座：在這段期間你會展現慷慨大方，你的付出可以期望獲得更多的回報。可能需要一點妥協來引導這個時期所帶來的改變。

雙魚座：你既愛做夢又愛憂慮，利用這段時間好好照顧自己，讓你能平安度過這個改變的時期。

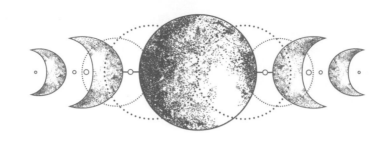

月亮星座
MOON SIGNS

　　與太陽星座相對的月亮星座並不是能明顯察覺得到的性格特質，它是反映你的內在自我、思想、感受、恐懼和情緒……甚至那些連你也不知道的部分。月亮星座比較難推算，因為月亮經過黃道帶時的速度很快（兩、三天就經過一個星座），然而，當月亮行經黃道帶，出現在你的星座時，她會提供一點線索，顯示當你面對生活中的事物和無可避免的高低起伏時，可能會有什麼樣的反應。以下是簡要的參考。

　　月亮在……

牡羊座：對新事物剛開始很興奮，後來就漸漸失去興趣。

金牛座：敏感多情，也不怕表現出來。

雙子座：雙重性格會依據需要時調適和改變。

巨蟹座：親切又敏感………也許有點過頭了。

獅子座：太愛現，最好試著隱藏起來。

處女座：極有藝術天分及敏感，但容易過度分析自己的感受。

天秤座：很有魅力，善於正確的評估任何情況做出最佳決定。

天蠍座：慈愛和直覺力強，但喜歡掌控一切使事情順暢平穩。

射手座：對別人的感受很敏感。

摩羯座：你喜歡把情緒藏起來，這對你不好。

水瓶座：容易受到周圍他人的感覺和情緒影響。

雙魚座：對別人的情緒很敏感。

如果你想深入探索細節，可在網路上找到無數關於月亮星座特質的資料。

有一個黃道星座特別容易受到月亮的支配，那就是巨蟹座，它是唯一一個每個月都被月亮造訪的星座。在巨蟹座出生的人很執著於安全感，你是個愛宅在家裡的人，但也夠勇敢，能在這個世界創造出一個安全的地方。

不管是不是巨蟹座的人都可以利用滿月位在巨蟹座時，召喚心中勇敢的戰士來處理當前遭遇到的任何問題，然後回到寧靜和安全的自我世界。

一個戰士不會氣餒，不會放棄戰鬥。
偉大的月亮，我要宣示我的選擇，並勇敢地全力以赴。
微笑的臉龐是隱藏我恐懼和懷疑的面具。
每個人都能看到我充滿力量的光芒在黑夜中英勇綻放。

所以，不管是水象、火象、風象、土象，太陽或月亮星座，請聯合月亮的能量來慶祝所有形成你這個人的一切！

月亮和塔羅牌

THE MOON AND TAROT

　　「塔羅牌」是一套遊戲牌卡，通常是 78 張牌，包括 22 張用來占卜的彩繪圖像牌。雖然有人會說占卜師能透過牌「解讀你的未來」，但我會說，他們解讀的是你目前的情況，彩繪的圖像會強化我們的直覺和覺察力。當我們覺察到之後，就能下意識讓某些事情發生，或是把當前的局勢轉變成有利於我們的情況。就像你剛買了一輛新車時，無論你去哪裡都會看到別人在開這種車……不，其實不是每個人都跟你一樣在同時期買了一樣的新車，而是你在買車後使你變得特別敏感，不論你到哪裡都會注意到這種相似性（或者不自覺地去尋找這種車輛）。我認為塔羅牌也是這樣，根據牌卡或是占卜師告訴你的訊息，強化了你的直覺和覺察力。

　　月亮結合塔羅牌會形成超強力量，增強這種覺察力，請藉由設定你的意念以及牌卡告訴你的訊息所產生的直覺，讓夢想成真。

塔羅牌

　　現代所知的塔羅牌大約是在西元 1700 年左右出現。是由一位天主教神父兼教師艾利馮斯・李維（Eliphas Levi）所設計，他說這種牌對學生在靈性啟發和自我覺醒的修道之路上很有幫助。現今最受歡迎的牌卡是 1909 年設計，繪製精美的萊德偉特塔羅牌，有人看出這副強大的牌不只能加強自我覺察力，還有助於預知未來。

　　一套典型的塔羅牌分為大阿爾克那（Major Arcana）和小阿爾克那（Minor Arcana）。大阿爾克那包含 22 張圖像牌，能顯示出你的旅程故事，第一張牌是愚者牌（最初的虛無），最後的是世界牌

（最終的虛無），當旅程重新開始時，會讓人聯想到月亮的月相和週期。

小阿爾克那有 40 張數字牌（就像一般的遊戲牌卡那樣），這四組牌，每一組的數字從一到十，有聖杯數字牌（Cups）、寶劍數字牌（Swords）、錢幣／五角星數字牌（Pentacles）和權杖數字牌（Wands）。每一組牌都對應一種自然元素，這些牌顯示的就像是你旅程中的細節。

* 聖杯＝水元素（人際關係和情緒問題）
* 寶劍＝風元素（溝通和智識問題）
* 錢幣＝土元素（所有關於物質的事情）
* 權杖＝火元素（生命的熱情和創造力）

小阿爾克那還包含 16 張宮廷牌——國王、王后、騎士和侍者牌——這些牌代表塔羅牌裡的人物，但這部分就留待下次再談了。

月亮牌

---

　　78 張塔羅牌的大阿爾克那中包含了一張月亮牌。這是第 18 張牌。當月亮散發光芒的時候，雖然沒有太陽光那麼明亮，但她的光芒也會產生陰影。這就是月亮牌……照亮一條無法完全看清的道路，人得依靠直覺和潛意識來導航。雖然要小心未知的事物，但也要打開心胸接受生活中月光所照亮的所有想像。

大阿爾克那和月亮

　　當你使用塔羅牌或占卜時，不需要等到某個特定的月相出現，但是月亮周圍的能量肯定會影響你感應到的資訊，以及影響你想如何處理訊息的方式。常有人說，占卜的時間得根據你問題的類型而定。例如，想拓展你的生意嗎？盈凸月時期可能是探索這個問題的最佳時機，因為月亮漸漸趨向圓滿，能提供她的智慧和能量。最近想結束一段感情嗎？可考慮在漸虧月期間占卜，這時是處理這個問題的最佳時機。

　　除此之外，每一組大阿爾克那塔羅牌都跟某個月相有關連。了解塔羅牌的意義並將它跟特定月相連結，能幫助你專注於當下，實現各種可能性。

新月

大阿爾克那塔羅牌：愚者

信息：冒險一下，找點玩樂。感覺某種新的能量就要開始出現。用孩童的眼光看世界。

眉月

大阿爾克那塔羅牌：女祭司

信息：對新的開始表達敬意。為重要的事物添加養分。藉著全心全意和認真過生活來擁抱每一天。

上弦月

大阿爾克那塔羅牌：魔術師

信息：施一點小魔法：讓某個人夢想成真，不論大小都可以。讓不可能的事情看起來容易。設定一個目標。

盈凸月

大阿爾克那塔羅牌：命運之輪

信息：讓自己成長：學習新的東西。嘗試新的活動。認識新朋友。

滿月

大阿爾克那塔羅牌：太陽；月亮

信息：認知你的生活很豐足。跟別人分享你的豐足（知識、時間、金錢）。對需要幫助的人發出溫暖的友誼之光。

虧缺月

大阿爾克那塔羅牌：星星

信息：停下來，深呼吸。仔細觀察你周遭的一切。回想學過的人生課題。花時間跟別人結善緣、提供幫助。

下弦月

大阿爾克那塔羅牌：審判

信息：回顧過去的經驗，同時思考未來的行動。處理未完成的事務。繼續執行計畫。

殘月

大阿爾克那塔羅牌：隱者

信息：尋求你的內在智慧。照顧你的健康。放下。

大阿爾克那和黃道星座

　　最後，特定的大阿爾克那塔羅牌也能連結每一個星座，提供更深刻的洞見去了解某個人的主要特質。當加入了月亮的魔法訊息時，可參考這些牌面顯示的特徵。

皇帝

對應的星座：牡羊座

顯示的性格：忠誠、王者氣質和可靠。

教皇

對應的星座：金牛座

顯示的性格：尋找導師增加知識和洞察力。

戀人

對應的星座：雙子座

顯示的性格：顯露雙子座的雙重性格，選擇上經常呈現分裂性。

戰車

對應的星座：巨蟹座

顯示的性格：直覺力和自尊心強，你能朝穩定的路線前進。

力量

對應的星座：獅子座

顯示的性格：碰到任何障礙時，你擁有克服它的勇氣。

隱者

對應的星座：處女座

顯示的性格：你需要屬於「自我」的時間來補充能量。

正 義

對應的星座：天秤座

顯示的性格：客觀和公正。

死 神

對應的星座：天蠍座

顯示的性格：有點神祕，死神牌象徵重生，
而且必要的時候有改變和適應的能力。

節 制

對應的星座：射手座

顯示的性格：頭腦清晰能在任何風暴中前進，
你是最優秀的談判專家。

惡 魔

對應的星座：摩羯座

顯示的性格：不要害怕陰影。去看看那裡隱藏著什麼，好讓你能克服恐懼，展示自信和堅強。

星 星

對應的星座：水瓶座

顯示的性格：伸手摘星星，努力嘗試去完成不易達成的事，你知道你能辦到。

月 亮

對應的星座：雙魚座

顯示的性格：深受多變的情緒影響，你能順應大自然週期的韻律；直覺力強，充滿愛心。

以簡單的
儀式和咒語
— 來 —
施展你的
月亮魔法

現在你已經學到了所有關於月亮能量和月相的知識，發掘了各種方法幫你駕馭月亮的魔法，你自己也練習了一些月亮魔法，現在應該是你自己主動出擊的時候了——釋放你內在的月之女神，使用她的能量和魔法來幫你實現你的意圖，活出充滿魔法的人生。

在此我們會探索一些儀式和咒語來幫助你開始。記住，所有的事情都跟你的意圖有關，我們可以利用各種月相來擴大所需的能量，或是利用當下的能量為你帶來改變。

要記住這點，這種事跟學習任何技巧一樣，都需要勤加練習，但要相信你自己的力量——你獨特的能量和磁場。當你將這種奇妙的力量接通宇宙的正能量時，就會發生偉大又奇妙的事情。祝福你！

儀式
RITUALS

儀式跟時間一樣古老，是指舉行典禮的行為或慶典活動。我們的月亮魔法儀式代表某種場合，慶祝、冥想、療癒或歡樂。不管你是人生中有需要或某個特定時刻都可以，這是讓你表達感恩、請求幫助的機會，或者經由意念設定和過有意義的生活，單純地探索月亮魔法的能量和月相。下面列出的這些儀式能幫你起步，等你建立足夠的自信之後，可自行設計一些對你有特殊意義的儀式。

煙燻法

煙燻法是美國原住民的儀式，若追溯它的源頭可能很接近燃香，而燃香的儀式可追溯到古埃及，當時會使用燃香舉行宗教儀式或驅逐邪靈。

煙燻法就是為了某個特定的原因燃燒天然的物品，在歷史上煙燻法是為了達到淨化、療癒和靈修的目的。以月亮魔法來說，你可以將煙燻法帶進你喜歡的任何一種儀式中，淨化負能量和增加設定意圖時的專注力，或者只是在你感覺特別悲傷或「卡住」時，使用這種煙燻法。有的人會固定每季做一次，有的人是每週煙燻一次。你想怎麼做都隨你高興。

有四種常用的藥草適合煙燻，鼠尾草是最常用的：

✳ 鼠尾草（Sage），適合療癒和消除負能量
✳ 薰衣草（Lavender），適合恢復平衡和安定
✳ 雪松木（Cedar），適合淨化和吸引正能量
✳ 甜茅草（Sweetgrass），適合祈福

煙燻儀式

　　煙燻時速度不應太快，給自己至少十五分鐘，或是可以認真執行這個儀式的時間，專心地想著你煙燻的原因或想達到的目的。可在任何月亮儀式中加入煙燻的力量，或在準備另一場儀式前使用它。

　　注意：要確定煙燻時的地點保持通風，好讓負能量能夠流出去，正能量能夠流進來。燃燒藥草時不要讓幼兒、老年人、孕婦，或任何有呼吸道問題的人參與。一定要注意和預防火災的問題。

　　準備下列的物品，放在桌上：

✳ 蠟燭和火柴
✳ 煙燻棒，在網路上購買或是自己製作藥草煙燻棒（請看第 116 頁常用的藥草）
✳ 隔熱碗，燻燒時放在煙燻棒下方，確保不會有火苗或其他發熱的東西掉落到不該掉的地方
✳ 另一個隔熱碗，裝一些沙子、鹽巴或其它能熄滅煙燻棒的東西
✳ 筆記本和筆（非必要）
✳ 一般注意事項和常識

一、安靜片刻，專心想著你的意圖，相信它會實現：可以是你在這時候感覺需要的任何事情 —— 想擺脫受困的感覺（消除負能量）、產生創造力、化解悲傷的感覺、祝福新家或變得更專注和更能集中注意力。在你專心的時候，多注意你的呼吸。

二、用火柴點燃蠟燭。

三、用蠟燭的火焰點燃煙燻棒。在隔熱碗上方拿著煙燻棒，輕輕煽動，以便熄滅煙燻棒上的火焰；你是要用煙燻，而不是燃燒它。

四、淨化你的生活空間時，應從門口開始到房間或屋內，在空間的四周輕輕搖動煙燻棒，特別注意房間角落，那裡最有可能聚集負能量。煙會吸收負能量，淨化這個區域，然後帶著負能量飄出窗外。接著慢慢地移到房間中央，搧動煙霧，讓它從敞開的窗口飄出去。在做這件事時，你可能得重複你的意圖，或者在做這件事的過程中保持專注。觀想煙霧將任何負面的東西帶走。

五、做完之後，在碗中熄滅煙燻棒，放下離開之前，一定要確定完全熄滅它。

六、花點時間感謝藥草提供的力量，然後繼續進行你想做的月亮儀式，或者記錄你在這時候的想法。

香薰噴劑

　　如果你對在家裡燃燒東西有點猶豫，或者（為了任何原因）反對煙燻的話，自製香薰噴劑也很容易、方便，它同樣能帶來你需要的淨化和清理效果。在此情況下，可使用鼠尾草精油，它具有同樣的療癒功效。可以為特定的目的使用這個精油，例如為新家／新場所祈福（請看第 144 頁），或是任何時候你覺得被什麼困住或是負能量使你身心消沉時，都可以使用。

　　你只需要幾個簡單的工具：一個 8 盎司（240ml）的玻璃噴霧瓶（可能的話，用深色的瓶子）、3/4 杯（180ml）月光水（請看第 125 頁）、鼠尾草精油、兩大匙（30ml）伏特加、喜馬拉雅粉紅鹽，和一小塊透明白水晶（為水補充能量）。

　　月相在漸衰期間是最適合用這個噴劑消除負能量的時機，但若你覺得有需要時也可以隨時使用。

一、在瓶子裡混合半杯（120ml）的月光水、10~15 滴鼠尾草精油、伏特加（有助於讓精油溶於水中，否則兩者不容易混合）及一大撮鹽（協助吸收所有負能量）。

二、把剩餘的 1/4 杯（60ml）月光水和水晶放進去。蓋上瓶子，搖均勻，每次要使用時都要搖動幾下。

三、在自己身上稍微噴一點（避免噴到臉和眼睛），或在房間四周，整個活動場所噴一些——不用燃燒表示它有更多使用的機會（想想看：辦公室、旅館房間、車內之類的地方都可以使用）。

四、在做這個儀式時，唸一段禱文或咒語也會有幫助。

水和油，請淨化這個地方，讓它充滿光明與恩典。
消除這裡的負能量，這裡只剩下感恩和女神的祝福，
我們感覺到妳溫暖的擁抱。

月光魔法圈

　　你的魔法圈就是你的神聖區域，可以用真實的物品，像是水晶或寶石來製作魔法圈，或者只是用你的手指在空中畫圈。這個圈子是收集和創造能量的地方，這是一個很強大的區域。

　　如果你有興趣的話，可在下個滿月時，跟你的朋友們團聚在月光下，彼此手牽手圍成圓圈，連結和擴大他們的能量，在你建立的祭壇旁邊（請看第 138 頁）或站或坐。有意願的話，每個人可以放一個物品在這個圈子裡或祭壇上，補充滿月的能量。你們圍成一圈的目的是為了慶祝和禮拜月之女神和她賦予的所有禮物，打開你的心去接納她的光芒，增強直覺力。

　　利用這個魔法圈做意圖設定，創造和唱誦你自己的咒語來提升你周圍的能量。安靜坐著或站著冥想你的意圖。以順時鐘方向唱歌或跳舞，當你們準備要關閉這個魔法圈時，可以點蠟燭來紀念某人或某事。

　　花點時間感謝月亮四季的祝福和朋友們的參與。以逆時鐘的方向唱歌或跳舞來解散這個魔法圈。

　　祝福你們。

藍月儀式

利用特別的滿月所提供的光與美來進行專注心念的儀式。這是一個非常簡單的儀式，你想做得多簡單或多複雜都可以。

清除你生活環境中的負能量和心中的雜念 —— 一個簡單的方式是燃燒新鮮的鼠尾草（請看第 117 頁）來清除負能量，然後打開窗戶，讓負能量從窗口飄出去；或是整理空間然後噴灑你最喜歡的香味或使用精油薰香機……任何能讓你感覺神清氣爽的味道都可以。

點一根蠟燭讓心情沉澱下來，可以根據你想達到的效果來決定蠟燭的顏色（請看第 88 頁）或精油香氛（請看 82~85 頁），也可用白色或藍色來反映藍月沉靜的能量。

舒適地坐在室內或戶外，在一個你能看到月光的地方即可。閉上你的眼睛，或是凝視燭光的火焰做深呼吸，每次吸氣時，感覺月亮的拉力，每次吐氣時，釋放所有緊繃感或負面的思緒。

專心想著你的意圖，你想讓你的生活充滿更多的喜樂嗎？你想加強自我肯定（自尊心），做好心理準備處理世上的一切事物嗎？不管是什麼，當你準備好時，默唸或大聲唸出：

我心中充滿月亮的指引之光。
我心中充滿喜悅。
在這個月光下，我看到自己很強大；有安全感以及被愛著。
我可以活得開心，我將認真生活並好好照顧自己和他人。
美麗的明月，感謝妳的能量和智慧。

讓蠟燭繼續燃燒，花點時間回想你的思緒，或把它們寫在你的筆記裡。

想追求金錢嗎？

利用藍月獨特的力量讓你的身心充滿能量和目標，重新調整專注力。

走到戶外，吸氣時彷彿吸入月亮的光明和能量。身上帶一顆翠玉寶石能強化你的幸運能量，為財富帶來良好的機運。

保持清晰的頭腦，專注在需要解決的問題上。做哪些事會有幫助呢？例如修潤履歷表，應徵一個新工作；找老闆談加薪的事；設定經費預算並遵循它？

這個月要做什麼來增加資產，而且不僅是財務上的資產？

當月光傳來輕柔地歌唱，
柔和的魔法之歌唱道，
看啊！閃亮的財富，
乘著翅膀飛來了。

喜樂的能量

沒有比歡喜過生活更好的理由了，舉辦一個藍月舞會（請看第 126 頁），給自己補充能量，迎接人生的各種挑戰，在未來的幾週和幾個月裡，你會發現它帶來了充分的獎賞。

滿月和你的出生月份

　　如果你想結合一兩個儀式來慶祝這個場合，可以考慮做月光浴（請看第 126 頁）或是創造一個月光魔法圈（請看第 120 頁）。雖然滿月代表某種巔峰的頂點，但也是表達感恩的時刻，感謝自己和我們所擁有的一切。

哦，美麗的明月啊！
妳的光芒讓我充滿溫暖、智慧和豐富的能量，
讓我能帶著意圖和恩典踏上前方的道路。
月光為我照亮道路，讓我能禮敬那些跟我同在這個旅途中的人。
我將說親切的好話，做慈善的好事。
我要消除任何負面的思慮或感覺，挪出空間給我的意圖。

　　你有什麼意圖？滿月位在你的星座時，你要怎樣利用這個力量？

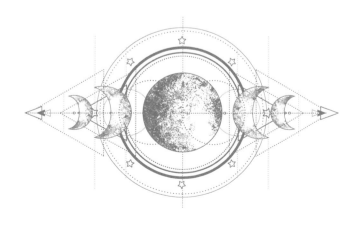

月蝕魔法：月亮祈願

因為月蝕是在滿月期間出現，它們提供特別的時刻，榮耀改變、慶祝成長、療癒和接通內在決心。如果可以的話，站在戶外，感受宇宙：太陽、地球、你和月亮連結的能量，全都在和諧的能量中。可考慮進行一個儀式來紀念這個事件，對大自然和療癒的力量表達感恩之意。可以獨自慶祝，或是邀請你志同道合的親朋好友一起慶祝。

一、選一個能看到月亮的地點。天氣好的時候，到戶外去，讓自己感覺跟大自然完全結合，並感受大自然的沉靜、和諧和影響力。

二、用鼠尾草煙燻（請看第 117 頁）或燃香淨化這個地點。

三、設立一個祭壇（請看第 138 頁），若有興趣的話，可使用特殊物品，例如水晶或其他自然物。

四、醞釀情緒：音樂、蠟燭、舒適的座位和食物（還有葡萄酒）都是很棒的選項。

五、準備紙張、筆和火柴（如果需要消除某些東西的話），還有適合燃燒它的容器。

六、花點時間冥想你的意圖，然後把它們寫下來。建議可寫下目標，以便增加成功的機率。如果有興趣的話，可以跟你的團體分享這些目標。把你的意圖對別人說出來，這樣有助於加強我們對完成這些事情的決心。

七、把你的月亮祈願放在一個特別的地方——例如你的枕頭下、許願盒或在意念罐中，然後觀察日後得到的結果。

月光水

　　滿月期間，在月亮的能量處在最強大的時候，把一個有蓋子的大容器放到戶外（後院、陽台、前廊）照得到月光的地方。裡面裝滿水（如果你是要用做烹調用途，可用礦泉水或蒸餾水），然後蓋上容器的蓋子，讓它沐浴在月光下。花點時間將你的意圖集中在水中，然後讓它充滿月亮滋養的能量。

　　隔天這個水就可以使用了。在上面貼上標籤，喜歡的話也可放進冰箱裡。可將水加到你做月光浴的泡澡水中、用它來煮月光茶，或是把水晶放進裡面浸泡，重新補充能量，也可以在月亮指引的光芒中冥想時啜飲月光水。

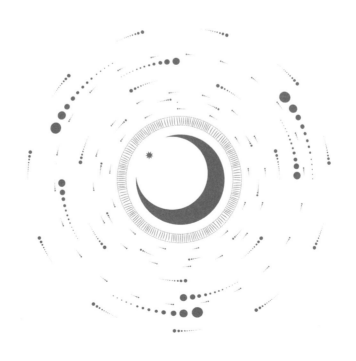

月光舞

　　滿月散發的強大能量（就像天空中的迪斯可舞廳光球！），現在正是開舞會的好時機。邀請鄰居或朋友來參加一場正式的聚會，或是簡單一點，只有你自己。如果你在戶外的話，可在草坪上撒點亮片、金粉來增加一點「情緒」魔法。打開音響播放歌曲，或是讓你內在的旋律引導你，跳舞慶祝生命，以及歡慶又到了一個月魔法工作的高潮。結束之後，花點時間沉靜下來，並且表達感恩之意。

月光浴

　　除了淨化身體之外，淨化我們的心靈也是很重要的自我照護。月光浴是一種簡單放鬆、淨化靈魂，也是讓頭腦清明的儀式，在任何月相時期都很實用，但據說滿月時的效果最強大，因為這時月亮淨化的能量處在至高點。

　　用月光還是用水？你覺得哪一種方式比較舒服，喜歡怎麼做都可以。如果你運氣好，剛好住在一年四季都比較溫暖的地區的話，可以在戶外做月光浴，感覺真正跟腳下的大地、跟天上奇妙的星星連接，能帶來一種強烈的安定感。如果你的運氣很好，住在靠近水源的地方，可以浸泡在海水中、河水中或是湖水中（甚至是泳池中！），這樣會產生強大的療癒和滿足感。對其他沒有水源的人來說，利用夏季或秋季較溫暖的晚上做月光浴也可以。沒有天然水源？那就用最近的浴缸吧！

月光下的月光浴儀式

在你的院子裡，或公園、門廊、陽台準備一個地點，甚至在窗邊也可以；任何你覺得安全的黑暗處，能接通大自然，也能接觸到月光的地方。在附近設一個祭壇（請看第 138 頁）或敬獻供品的地方，如果有興趣的話，可用你最喜歡的物品像是水晶、蠟燭、香品、相片或其他跟你那個月做的意圖有關的特別物品，或是你想用月光能量淨化的東西。（若是在戶外用火燃燒東西的話，記得要帶適當的器具放置燃燒物，還有水或滅火器。）

在最強大的月光下，舒適地或站或坐，閉上眼睛，感覺你的雙手（如果是坐姿）和雙腳穩穩地接觸地面。呼吸，深深的吸氣，慢慢的吐氣，再來一次。每次吸氣時，把你的思想專注在讓你的身體充滿月光和能量。每次吐氣時，感覺你吐氣的能量，評估你過去這個月的行動結果。它們揭示了什麼新的體悟嗎？

在浴缸裡做月光浴儀式

你比較喜歡浴缸嗎？在這個月相期間讓自己泡在水裡，是另一種能讓你感受月亮強大能量引力的方式。

創造你的魔法空間，不管是用燈光、音樂或筆記等，並在你的浴缸裡注滿溫熱的水。加任何一種鹽（例如喜馬拉雅粉紅鹽）或你喜歡的精油、花朵（像是玫瑰花瓣）或藥草（例如薰衣草）。在浴缸附近四處放一些親水性的水晶，或是放在浴缸裡面，像是粉水晶（無條件的愛、慈悲、和平）、白水晶（力量）、晶種（seed crystal）（智慧），當然還有月光石（接通你內在的女神），或是紫水晶（保護），好讓你泡澡時連結它們獨特的力量。

進入浴缸，讓自己浸泡在水中，閉上眼睛，放鬆身心。感覺水溫和的暖意溫柔地托著你，想像它從月亮那裡吸收能量，然後充滿你的身心。

接著做前面提過的呼吸儀式，感覺月亮的能量在你體內流動。

不管哪一種方式，只要你覺得舒服，想泡多久都沒關係，結束之後，慢慢把心拉回到周遭的世界。

接通月亮女神：女神冥想儀式

當你內在的月亮女神感覺需要一個女神好友時，這個簡單的儀式能幫你祈請古老的月亮女神來到你面前。她們的智慧和力量能協助你回歸正軌，或提升你的自信，幫助實現你最近設定的意圖。

每一個女神都可以喚醒你心中不同的女性神聖特質，可請求她們賦予你所有恩賜，或一個特定的禮物，這得看你設定的意圖是什麼。

接通儀式很簡單，坐下來冥想（你也可以在做月光浴時冥想），專心想著你想邀請的女神和你想跟她一起合作提升的特定領域。比如說，邀請愛西絲女神來提升你的自信和直覺，來處理某個特定的情況。當你冥想時，可以用任何一種讓你有共鳴的方式接通某個女神。

邀請她們進來只要安靜的冥想就可以了，不用做其他的事情。注意你的感官直覺：超聽覺力（clairaudience 清楚地聽見），超感應力（clairsentience 清楚地感覺），超覺知力（claircognizance 清楚地知道）和靈視力（clairvoyance 清楚地看見）。這得看你的哪一種感應力最強，你可能會聽到、感覺到、知道或看到她們的指引、感覺到她們的存在和愛的感覺。

不管是哪一種，相信只要你請求女神幫助你敞開自己，接通你神性的女性天賦，這些天賦就會以微妙、神秘的方式顯現。

月光茶──不需要用大鍋子！

茶在許多文化中是一種具有特定涵義的儀式。一杯清香的茶能溫暖舒心，讓憂慮煩惱的靈魂恢復活力。你可以遵從數百年傳統的草藥醫學，調製藥草來泡月光茶，每天飲用，能重振你的意圖，或只是將它加入你的月亮儀式和意圖設定中。自己調配茶葉，而不是買茶包，能讓你放慢步調、專注在製作過程中。對你調配茶葉的藥草原料表達感恩之意，想著你要如何將這個月光茶儀式加入意念設定中。

剛開始時，用你手中有的月光水泡茶，或是連夜製作一批（請看第 125 頁）。一般泡茶的方式是每杯茶（八盎司或240ml）使用 2 ～ 3 茶匙的乾燥藥草或複方藥草。如果是較大的容量，例如一加侖（3.8L）的茶壺，則大約需要一杯的乾藥草（重量不一）。

如果你有新鮮的藥草，在月光下採收的會更有意思。將一大把藥草（沒有加農藥的，一種或多種混合）放進大茶壺或乾淨的咖啡壺裡。加入滾燙的熱水淹過所有的藥草，浸泡大約五分鐘。閉上眼睛，吸入藥草芬芳的香氣，花點時間冥想一下，即使只是幾秒鐘也好。

當你準備要泡茶時，用月光水煮你需要泡茶的水量，（用濾器、茶球、乾淨無味的棉布袋，或一次性的濾紙）浸泡大約五分鐘。可以加入乾燥水果、香料、蜂蜜或玫瑰花瓣等調味（加玫瑰花瓣和香草會很好喝）。

振動頻率規則和療癒能量

　　振動頻率規則告訴我們，所有的東西都會振動，而且在宇宙中，所有的東西都以不同的方式創造，以不同的頻率振動。有的頻率很明顯（想想看：陽光或音樂），但有的就不明顯。不過，顯而易見的是，這些頻率都會相互依存，彼此互相影響，就像水池中的漣漪一樣。

　　這個簡單的儀式能傳送正能量和好的振動頻率，到需要它們的任何地方。

　　當世界上的任何地方發生了某些特別讓你感動的事情時，可以在你的世界裡找個時間冥想，點一根蠟燭（任何顏色、任何月相都可以），觀想你的善心和療癒的意圖顯化成現實。祈禱世上的苦難能減輕，或能帶給他們光明。接著讓蠟燭繼續燃燒，然後熄滅它。感謝宇宙讓你有生存之處。

在黑暗中照亮一條路

在殘月時舉行這個儀式效果會特別好，當開始進入黑暗期時，回想你所學過的課題，放下那些沒有效率的事物。這有助於消除你心中的負能量，讓你自由地做出對自己最有利的行動。

準備一張紙、一支筆、一個隔熱的容器和火柴。

一、安靜的坐下來，拿紙筆寫下完全未經過濾的真實感受。

二、你是否看到對你很重要又反覆出現的問題，讓你驚訝或有新的體悟？你有沒有對某個領域的事情刻意忽視或壓抑你的感受呢？你最近有妥協或忽略你真實的本性和界線嗎？你是否已準備好要放棄那些不再對你有利的事物呢？

三、你不需要知道所有的答案，但提出這些問題很重要。

現在這張紙上存有你的情緒。放下那些煩擾你的事物，小心地把這張紙放進隔熱容器內燒掉，同時觀想這些煙霧帶走負面的一切進入天空中。事後洗掉所有灰燼或交給大地之母處理，釋放這些有害的東西後，你會感受到身心變得輕鬆、安穩。

花點時間回想你學到的東西，未來你要怎麼做才能向前邁進。設定一個意圖來結束這個儀式，例如唸下面的句子。準備好之後，默唸或大聲唸出：

我釋放所有不再有利於我療癒和淨化的東西。

為了我最好和至高的福祉，

我將帶著目標和感恩之心行走我自己的道路。

放下

　　殘月時特別適合放下沉重負擔，放下對我們的生活不再像過去那樣有益的事物。在你心中挪出一塊空間，感謝它們過去對我們的服務和幫助，但現在是時候該跟它們說再見了，然後轉移到在你的世界中具有正向力量的事物上。

　　準備火柴、一小根鼠尾草、紙、藍色或白色的蠟燭、一支鉛筆和一小碗水。

一、到戶外找一個安全的地方，在月光下，一個對你具有特別意義的地點，點燃鼠尾草，淨化你的空間。

二、點燃蠟燭，先表達你對宇宙的感恩之意，再寫下一切，或者寫下某個不再對你有益、你需要與之告別的事物。

三、深呼吸，吐氣時，大聲唸出你寫下的清單。吸一口氣，然後在你吐氣時，想像你吐出的氣息將這一切帶走，不管你想釋放什麼都可以。深呼吸，讓輕盈、輕鬆的感覺充滿你身心中那個負面的空間。

四、等你準備好之後，用蠟燭燃燒這張紙（注意安全），然後將它放進那碗水中。

結束儀式時，再次表達你的感恩之意。

新工作

　　如果你覺得自己的工作或事業需要做點改變，在新月時設定意圖能帶來強大的效果。儀式剛開始需要這兩個步驟：做一點冥想、寫日記和內觀，來讓自己的意圖清晰。第二個步驟是駕馭月亮的能量，將你的訊息傳送到宇宙中。敞開身心接受你周圍的振動頻率和機會。

一、找一個安靜舒適的地點來思考和寫作。深呼吸，讓自己平靜下來，專注在思想上。你需要知道什麼？什麼事情能讓你快樂？如何賺更多錢？為了更好的福利而工作嗎？讓你的思維自由地在這些問題上思考。當你準備好時，寫下浮現在你腦海中的所有想法和靈感。

二、接下來，找一個主題。如果沒有主題的話，試試這個：寫下三個欄位——我喜歡什麼？我能做什麼？哪些工作需要這些能力？然後填上這些空格。你可能需要反覆練習好幾次，最後才能找到一條適合你的正確道路。

三、當你心中找到了一個新工作或事業目標時，就是告訴全世界的時候了。在新月的月光下，默唸或大聲唸出：

我帶著開放和感恩的心，祈求妳的支援。
當人生帶來改變時，請保留我的根基，但讓我展翅飛翔。
新工作、新目標、新的意圖，
請協助我找到適合我的工作
請帶來我所尋求的改變，並且一開始就能蓬勃興盛。

還有，煩心事走開……

　　新月、滿月和漸虧月是清除能量最有效的月相，當你沒時間做豪華的月光浴時（請看第 126 頁），可用這個簡單的清除儀式，冥想你的煩心事被沖洗掉。

　　準備一塊你喜歡且可用來洗手和洗臉的香皂（可根據你的意圖使用某種藥草香皂）和一條柔軟的毛巾。

　　找一個最不會受到打擾的時間，花點時間專心想著你的意圖，也就是那些想要從你的世界中清除掉的事物，將舒適溫度的自來水注滿洗手槽，用肥皂輕輕塗抹在臉部和雙手上，慢慢感受舒服的香皂味，對乾淨的水表達感恩之意，然後把臉和雙手洗乾淨，靜靜地觀想任何煩心事被水沖掉。塗抹香皂、洗淨，需要時可經常重複這個儀式！

適用於日常生活的簡單咒語
SIMPLE SPELLS FOR EVERYDAY LIVING

來，坐一下，我們來談談咒語。

跟古老的儀式和宗教儀式一樣，魔法咒語（和詛咒！）可追溯到無數世紀前，不過魔法似乎跟宗教中感應天神的方式有所不同：宗教儀式是一種安撫的行為，一種向諸神祈求保佑的時刻，但咒語和詛咒是為了利用某個神祇特定的力量，來達到某個特定的結果：例如想贏得下一場競賽，或是得到完美的婚姻和幸福的生活。在此我們將會用月亮的魔法能量，加上你喜歡的任何工具，例如水晶、蠟燭、女神力量、藥草和紙筆等等。

施展咒語是要藉設定意圖來達到某個結果，或舉行一個儀式來擴大正能量。在本書中，我們的咒語只用來做好事，這裡沒有黑魔法。你想得到的最好結果都只會用在你自己身上，無法用咒語來控制他人。跟設定意圖一樣，施展咒語是另一種讓你集中思維的方式，以及產生你想要的變化，這些都來自一個和平、光明的地方。

就像設定意圖和你所選擇的任何月亮慶典儀式一樣，將這些變成你自己的方式。不管是正式或非正式的、個人或團體、事前規劃或臨時起意都可以。

我們已經知道能量最強大的月相是月亮最圓的時候。對那些需要一點額外咒語能量加持的特殊問題，可使用滿月的月相，除此之外，任何月相都可以搭配你想施的咒語。

記住，一切都跟能量有關。當你學會運用宇宙提供的能量時，你的咒語會更強大。你的思維和想法也有能量，會創造它們自己的宇宙振動頻率。將正向的意圖釋放到宇宙中，它們會帶回三倍給你。在你的咒語中學習駕馭這些能量，跟意圖設定一樣，這樣會帶來你想要的事物，但話說回來，這個欲望必須是潔淨和純正無私的。

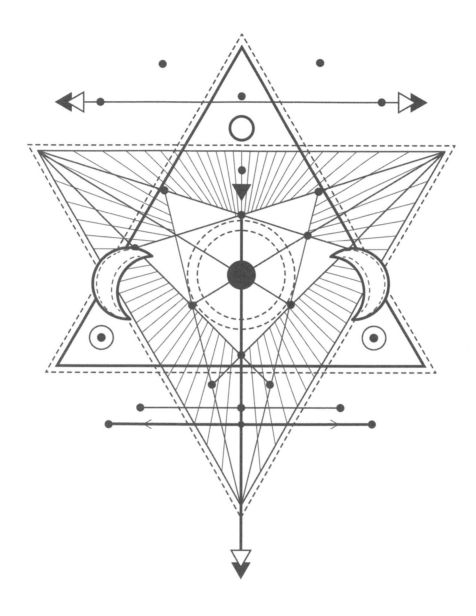

祭壇

—

　　祭壇（Altar）不一定要很花俏，可以只是一個簡單的窗台或是一個可隨身攜帶的鞋盒。它是一個用來做視覺提醒的空間，以及一個團體或獨自冥想，或是嘗試一兩種咒語時，能讓你集中自己能量的地方。它甚至可以是一個架子讓你展示水晶、蠟燭或其他提醒你設定了什麼意圖的物品，這樣你才能覺察到你每天要做的工作是什麼。你可能會決定要設不只一個祭壇，每一個祭壇做不同的用途。可以在床邊設一個用來減壓和放鬆身心的祭壇。一個在你的工作區域，協助提升創造力和精神。也許你會設一個祭壇來禮敬神聖的月亮女神或你的祖先。想要多複雜、多有創意或多簡潔都隨你心意。盡可能讓你祭壇上的物件大都是自然界的物品，因為它們本身具有獨特的能量。整理清潔你祭壇四周的區域，能消除負能量，讓這個空間能保持良好的磁場。如果你喜歡的話，可以用布，或是用某種能代表你意圖的顏色或質地的布覆蓋住你的祭壇。金錢的魔法可用絲綢，好運可用綠色，靜心和專注可用白色，或者在你需要加強能量時，任何能讓你提升活力的顏色都可以。

　　你的祭壇就代表你——你的心、希望、夢想、意圖和人生。如果你懷著純正真誠的心，它應該隨時能幫助你使用你的魔法。

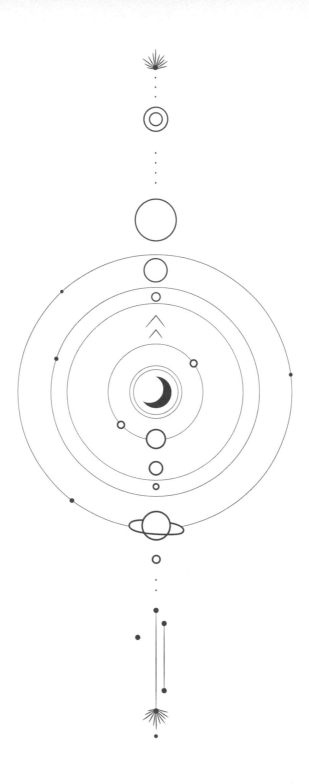

新月魔法

淨化

意圖設定

新的開始

財運

　　新月是開啟新事物或啟動轉輪的最佳時刻，所以，如果你有興趣的話，可試試這個簡單的魔法來增加收入。

　　在宇宙的定律中，需要先多付出才能得到更多的回報，付出要以感恩開始。首先感謝你現在所擁有的一切，花點時間回想和設定意圖，跟宇宙分享你的財富，包括金錢或是才能。

**我簡單的財富來自於快樂、愛和健康。我擁有可以分享和幫助
他人的才能。我會撥出時間來回報宇宙。**

　　當你讓自己充滿感恩之情時，可施展這個簡單的魔法。

一、準備幾個銅板放在手裡。

二、如果可以的話，走到戶外，站在月光下，吸收它淨化
　　　的能量。每次吐氣時，感覺自己放下任何阻礙你的負
　　　能量。吸氣時，敞開心胸接納新的機會。如果有興趣
　　　的話，可點一根蠟燭：白色或銀色的最好，然後觀想
　　　你想要的財富。

三、當你準備好時，默唸或大聲唸出：

新月、新真理、新時光，銅板一個個增加了我的財富。
　　　　　　增加我對他人的價值，
　　　我祈求人生會一天比一天過得更富裕、更充足。

四、花點時間感謝新月不斷增長的智慧。如果可以的話，
　　　把這些銅板埋到土裡，或者把它們放到陰暗的角落，
　　　就讓它們留在那裡。

克服改變

　　新的開始是改變的時刻，即使最有自信的人在改變的時候也可能產生動搖。為了幫助你克服改變，在下一個黑月（或新月）時可嘗試這個魔法。

一、準備一根黃色的蠟燭和一塊虎眼石。

二、在某個舒適的地方安靜坐下，把蠟燭放在能隔熱的容器上，點燃它，想像自己充滿自信和目標。

三、把虎眼石放在你慣用的右手或左手上，專心注視著火焰，感覺它照亮了你的靈魂。

四、召喚黑月沉靜的力量，默唸或大聲唸出：

哦，沉靜的月亮啊！在我拋開恐懼和懷疑時，
請引導我的思維。
在我感覺自信不斷增長和進化時，
請讓我心中充滿安定和決心。
我手中這顆虎眼石，
會提醒我改變的要求。
我靜靜坐在這裡，感謝，
我得到一切永恆的祝福。

五、結束後，冥想幾分鐘，感覺沉靜的自信充滿心中。認真感受這種情緒，知道當你需要時可以隨時再度想起這種感覺。

找到完美的住家

　　這個月相是新的開始，是設定意圖尋找你夢想中新家的完美時刻。將白日夢踢到一邊，採取行動，讓夢想成真。當新月召喚時，撥出一點時間沐浴在她的能量中，默唸或大聲唸出：

新的月亮、新的一天、我祈求一個新家，
我的尋求尚未完成。

新的月亮、新的一天、我祈求一個新巢，
讓我的心和家能合而為一。

新的月亮、新的一天，祈求
我稱為家的城堡顯現。

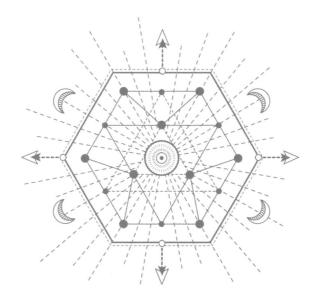

為房子或公寓祈福

　　在這個新開始的月相中，再也沒有比這時更適合為新居祈福和淨化了。這是兩個階段的步驟，首先要清除負能量和不好的磁場，然後讓這個地方充滿良好和喜樂的心念。

一、準備必要的物品，舉行煙燻儀式（請看第 117 頁）來淨化這個空間，特別注意各個角落、衣櫥和門口的地方。當你在屋內各處行走時，觀想煙霧捲起任何負能量，帶著它飄出去。在進行下一個步驟之前，請先完全熄滅你的煙燻棒。

二、準備一些鹽、麵包、葡萄酒和幾個銅板，把它們擺放在你的祭壇上、桌上或任何可使用的空間。安靜一會兒後，閉上你的雙眼，觀想自己在新的場所中快樂和有效率的生活。自然呼吸，當你準備好之後，默唸或大聲唸出：

有了這個新家，我被迫流浪的日子結束了。
在這個已經淨化的空間裡，我將過著嶄新的生活。
以鹽來調味、以麵包帶來健康、葡萄酒帶來歡樂的時光，
我將這些錢幣撒在我的國度中——我的生活將會富裕無憂。
請祝福這間屋子，祝福住在裡面的人過得崇高美好。

三、花點時間感謝月亮提供她的能量，用這些麵包和葡萄酒來祝賀你的喬遷之喜。

療癒

　　滿月是最理想的療癒時間，但也不要忽略新月和漸盈月等月相。

　　感受月亮能量全部的重量，深呼吸，讓身體從頭到腳充滿她溫暖的能量。回想自己需要療癒哪些事情，在腦中產生一張圖像，它顯示出什麼樣子。專心觀想這個畫面，準備好之後，默唸或大聲唸出：

> 月亮女神啊！請在生病的時候照顧我。
> 願妳的光芒修復我的心靈，協助我的心平靜下來。
> 請帶給我安詳，讓我能用我的能量療癒自己。
> 月亮女神啊！請將月光照耀在我身上，讓我恢復好轉。

　　或是，

> 銀色的月亮，希望的明燈，
> 請照亮我通往康復之路。
> 明亮的月光，光明的海洋，
> 請施展妳的療癒魔法。

　　結束之後，繼續保持安靜，提醒自己之前在你腦中的那個圖像。花點時間禮敬你的勇氣，感謝月亮提供她的光芒。

歡迎新寵物

　　一隻新寵物絕對代表新的開始——可能是新習慣、新樂趣、新發現、新的愛，這些只是列舉出的少數幾項。用新月的光芒和能量來認可和歡迎這個新的家庭成員。

　　把你的毛朋友抱在懷中，站在某處，室內或室外，只要照得到月光的地方都可以。對你即將遭遇的體驗帶著讚美，默唸或大聲唸出：

> 月亮之母啊！讓喜悅和愛溫暖我們的心，
> 這隻毛朋友〔羽毛、魚鰭等〕將會永遠愛我們，
> 相信我們將永不分離。
> 帶著寶貴的智慧和仁慈的指引，請賜福給這位新朋友。

長壽

　　人生過得好快，我們想要永遠活下去，可是最好的人生是每天都活在當下，無論生命有多長。利用新月潛伏的能量來施展這個咒語，默唸或大聲唸出：

> 新月啊！請陪我一起走這趟旅程。
> 願妳永遠穩定的存在能提醒我這個諾言：
> 讓每一天充滿愛，讓我的人生充滿喜樂，
> 所以當那個時刻來臨時，我會說再見，
> 知道我已經度過了最美好的人生。

療癒傷痛

當月亮開始新的月相，當你準備好時，可深思一下，她的療癒能量如何撫慰一個傷痛的靈魂。當你準備好時，默唸或大聲唸出：

這是我經歷過最艱難的事情——我的傷痛難以負荷。
因為我失去了某個人事物，讓我的人生出現出乎意料的轉變。

美麗的月亮啊！我坐在妳的恩典前，驚嘆妳的奇景，
在這個轉瞬即逝的景象之外，我的人生還會有美麗的事物嗎？

月亮答道：「一定會的」。而時間有助於療癒。
每晚回來，我們會歡喜的凝望，看看神會揭示什麼樣的計畫。

尋找靈感

月亮啟發的事情多得讓人寫不完。你有想過她可能願意分享一點靈感嗎？默唸或大聲唸出：

據說凝望妳可愛的容顏會帶來欲望，
據說妳隨時能啟發心靈和頭腦。

請將妳的目光垂落在我的生命中，加速我的願望成真，
讓我找到文字或思緒，或啟發我毫不疲倦再次創造的能力。

規劃假期

妳可以把月光舞的活動變成一個舞會（請看第 126 頁），
但有時度假比任何事情更能讓人恢復活力。默唸或大聲唸出：

新月啊！妳航行著越過天空，穿過無盡的大海。
我拿著地圖，心中毫無計畫，但旅程在向我招手。

請點燃一道火花，啟發閃亮的點子，
讓我帶著好奇的欲望，收拾行囊，冒險前進。

豐足

一個豐足的人生可能意味著各種不同的事物──朋友、愛、
金錢、學習……不管你今天想邀請什麼豐足的事物過來，都可
以小聲地對新月訴說──記住，每件事物都會在你需要的時候來
到你身邊，所以要耐心等待：

請開啟妳的月相從新月到滿月，妳的光芒越來越明亮。
每個小時不斷在我的世界注滿獎勵和財富。

連接大地能量的冥想

　　當新月隨著新的月相開始成長變大，你可以藉這個機會連接她幫助平衡的影響力和大地的能量，讓自己變得安定、沉穩，並且在自己的人生中真實地活在當下。

　　如果你有寶石，石榴石是很適合接通大地能量的寶石。在能看見月亮的地方，舒適地或坐或站，閉上雙眼，打開你的心接收她穩定平衡的力量。然後感覺你接通了腳下，或是你椅子下的大地。讓自己放輕鬆，深深進入那種聯繫感中。準備好之後，默唸或大聲唸出：

我在尋找一個能讓我深入扎根和成長的地方。
感覺我腳下的大地，我當下知道，
以我的力量和清明的頭腦，發揮我天賦中所有的價值，
或許能上達天堂，親愛的月亮，我祈求妳。

漸盈月魔法

照亮意圖
提升實力、
自信、能量和激勵

「希望」本身就是一種魔法

漸盈月具有充滿潛力的能量，我們可以觀想自己的意圖在成長。為了讓希望保持活躍、讓能量保持流動，可使用這個簡單的咒語——默唸或大聲唸出：

漸盈月，漸增的光亮，
請點燃希望的喜悅之光。
因為希望仍在鼓勵意志力
綻放勇氣和光明。

勿忘我

漸盈月是輸入關於成長回憶的意圖最佳的時刻，不管是失去已久、愛過和失去，或是任何其他類型的都可以。如果有的話，握一把迷迭香、粉水晶，或迷人的勿忘我花束，來激發更強大的魔力，默唸或大聲唸出：

你甜美的香味在我身邊，但我醒來——發現原來只是一場夢。
過去你在我身邊時，人生多麼美好。
我幾乎每天都會想起你，希望你也一樣想念我。
我祈求一個願望，只有這一天，請你再次想起我。

願望成真

你永遠可以對著一顆星星許願，但邀請月亮可以讓你的願望更快成真！默唸或大聲唸出：

不管是月亮、星星，還是彩虹——有一桶金在等著我。
我希望也許，我希望能夠，在夜晚之前願望成真
它爬上樹梢翹起頭，吟唱甜美的催眠曲，對我說著"好好睡吧"

成功

一個小小的成功就能讓你欣喜若狂宛如飛越明月，但如果你需要一點幫助，那就跟她訴說，我相信她一定會傾聽的。默唸或大聲唸出：

財富、名望、成就；勝利、利潤，蓬勃成長。
快樂、健康、繁榮；贏得、優勢，即將到來。
勇進的月亮，請賜給我妳認定的成功。

歡喜過生活

默唸或大聲唸出：

哦，漸圓的明月！用妳的光芒讓我的世界變得更加豐富，
讓我看見無處不在的美麗、真實和簡單的喜悅。
讓我看清歡喜過生活的意義，並做出正確的選擇。

新冒險

感覺想展翅高飛或是滿足冒險的心嗎？敞開你的心，接納
月亮的啟示，開啟你的旅程。默唸或大聲唸出：

溫柔的月亮，在天堂的海洋中領航，
妳的旅程一定能安撫這顆渴望流浪的心。
帶著手中的計畫書和自由的心，
我會跟隨妳揚帆啟航。

和平

這是個很艱難的要求，這個簡單有效的咒語可以幫你提升周圍正向的磁場，如果你願意的話，也可以將它傳送到全世界。利用漸盈月來設定你想過和平、安寧生活的意圖，然後默唸或大聲唸出下列的句子：

漸盈月啊！妳漸增的光芒在天上明亮的照耀著。
讓人充滿希望，夢想未來安詳和平的時刻。
請將妳的目光帶著療癒的愛，轉向此時能看見妳的人，
願這樣的月光能激勵一顆心做出和平的行為。

花點時間感謝月亮的幫助，感激此時這樣寧靜的時刻。

減輕疼痛和病痛

當一些小病痛讓你無法享受每天的喜樂，或者影響你的工作效率時，可以尋求月亮療癒的溫暖來減輕這些症狀。想像月光溫柔地落在疼痛的部位，感覺暖意散發到四周。準備好之後，默唸或大聲唸出：

當疼痛拖延，病痛漸增，我會召喚出這個景象：
溫暖的月光和仙子，瞧，她們正在歡欣的舞動。
哦，撫慰的光芒和喜悅的景象，請用妳的光芒帶來療癒的力量。

祈願受孕

如果有小生命在向妳招手，月亮女神一定會站在妳這邊。使用這個咒語，妳可能需要祈求具有生育法力的女神協助。我列舉幾個名字：愛西絲（Isis）、芙蕾雅（Freya）、阿莉安赫德（Arianrhod）和黛安娜（Diana）等等。

準備妳想要使用的工具，例如芥末或香桃木或月光石，也許還有一支蠟燭，在漸盈月的月光下設一個祭壇。花點時間感受月亮漸增的光芒讓妳體內充滿生養和照顧新生命的能量。專心想著妳的意圖。準備好時，默唸或大聲唸出：

此時我站在這裡，情緒高昂的張開感恩的雙臂——
願妳能滿足我想生兒育女的願望，讓我能懷孕。
我的希望和恐懼，我都在此提出，其他的我不知道。
哦，月亮女神！不管是男孩或女孩，請施展妳的魔法吧！

直覺力

漸盈月的振動能量能提高天生的直覺力。不管你的直覺力需要從低落中強化，或是你需要得到保證來信任它，都可試試這個咒語。

安靜地或站或坐，閉上雙眼。讓你的心保持冷靜，聆聽心靈告訴你的話。不確定是什麼嗎？默唸或大聲唸出：

潔淨的月亮啊！請投射妳的光芒，驅散夜晚的陰暗。
我祈求妳聆聽我的呼喊，喚醒我的視覺。
加持我的內在之眼，讓我否認的一切都變得更加清晰。

迷人魅力

當你找不到正確的字眼來表達你的感受時，這個簡單的咒語能幫你開啟魅力。花點時間觀想你想施展魅力的目標。平靜地深呼吸一下，準備好之後，默唸或大聲唸出：

醉人的月亮，迷人的月亮，我的心已經找到了那個人。
以迷人的話語和神秘的氣息，
願我尋求的魅力話語，
能自然地從我口中流出。

有些人特別好運

　　可在漸盈月的其中一個月相中使用這個簡單的咒語，當能量和刺激逐漸攀升時，產生激勵你的力量。

　　準備一支金色或橘色蠟燭和一些火柴。舒適地坐在可以看到月亮的地方，把蠟燭放在隔熱的物體表面點燃它。花點時間讓燭火的光芒釋放你的負面情緒，同時也將樂觀的想法充滿你的內心。默唸或大聲唸出：

我見到的火焰燒得興旺又自由，
願大量的好運回到我身邊。

　　熄滅蠟燭後，花點時間細想自己人生中所有的好運。

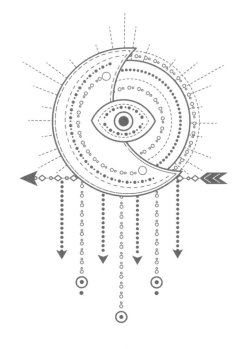

友誼

　　如果你渴望的是同伴，漸盈月會是你做這個咒語的最佳夥
伴。

　　準備紅色或粉紅色的蠟燭和火柴。舒適地坐在安靜的地方，
把蠟燭放在防熱的物體表面點燃。凝視著這個火焰，讓你的心
自在飛翔，同時光明讓你的心充滿安定感。做緩慢深長的呼吸，
吸氣和吐氣，觀想你跟新朋友會做的一些活動，可能是某個會
欣賞你做的事情的朋友。當你準備好時，默唸或大聲唸出：

　　哦，愛的女神和月之女神！請打開妳們寬大的心胸，
　　願愛泉湧而出，在我的生命中充滿深刻、真實的友情。
　我發誓我的付出會跟得到的一樣多，請讓新的友情得到祝福。

　　你喜歡重複幾遍都可以，讓蠟燭持續燃燒，繼續觀想你和
新朋友在一起時的畫面。讓你的能量保持敞開，好讓你能遇到
新的朋友。

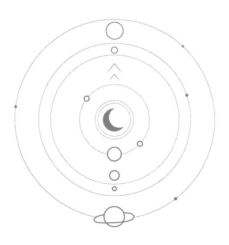

變得更有創意！

漸盈月是發揮創意行動的時間。你已經設定好意圖，並且開始起步，所以別讓任何事情阻礙你達成期望的目標。這時是加強你的能量，讓你的創意精神起飛的時刻。蛋白石、依蘭花和黃色都能強化你的點子和想像力。

一、提醒自己你所設定過的意圖。

二、運用水晶、藥草、精油或任何其他你喜歡的物品，把它們放在你的祭壇上。冥想，把注意力集中在它們美麗的特質上（味道、顏色、形狀，不管你看到的是什麼），讓你的思想自由流動。

三、哪一個意圖會激勵行動？哪一個會啟發新的點子？哪一個會啟發更多的思維？把這些都寫在你的記事本上，以便做更深入的冥想課題。

四、當你準備好時，默唸或大聲唸出：

月亮明耀的光芒具有彩虹的色調，是變化觀點的無盡泉井。

它們的形狀和影子無疑是持續變化的符號。

人生會改變，人生會顯示。

為了讓新的點子綻放和成長，

剛開始一定要先有信心和有妳——

要播種、施肥、行動和收穫，

沒有時間可浪費，只要採取行動。

月亮將會照亮前方的道路。

採取行動的勇氣

　　漸盈月的月相是採取行動的時刻——有時候我們會需要再多一些勇氣。你一直在栽種、培育，讓你的意圖種子成長茁壯，眼看它們即將開花，你可能會猶豫，不知道自己是不是把精力用在對的事情上。相信你的直覺，還有皎潔明亮的月亮會幫你，讓你看到事情自然開花結果。可使用這個簡單的咒語增加一點額外的勇氣。如果有興趣的話，可使用茴香、百里香、羅勒葉和海藍寶石這些工具來增加效果。

　　在漸盈月的月光下，安靜站立，感恩能有機會接受她的禮物。專注在你設定好的意圖，或是你心中的問題上。準備好之後，默唸或大聲唸出：

　　　　以開放的心胸和準備好的精神，我祈求妳的智慧。
　　　　以開放的意識和準備好的雙手，請指引我的行動。
　　　　　　以睜大的眼睛和準備好的勇氣，
　　　　　　　我將踏上鮮為人知的道路。
　　　　　月亮女神啊！妳的燈塔會照亮我的道路，
　　　　　　　　祝福未知的事物。

　　花點時間呼吸月光，讓你的內在泉井充滿勇氣和自信。

滿月魔法

能量、慶祝
感謝、豐盛

療癒能量

　　滿月是療癒的強大時刻，這個咒語會幫助你淨化身體的疼痛或病痛。新月和漸盈月也是重複這個咒語的好時機。

　　製作一個咒語瓶：準備一個有蓋的小瓶子，一件私人物品（一件能代表你的病痛或疼痛的物品）一張紙和一支筆，一些液體（比如說，第 125 頁的月光水，或葡萄酒）。

　　在紙上寫下你的意圖和目的，可能是療癒肉體上的病痛、情緒上的傷痛，或找到安定感、接受某些問題等，盡量寫得明確一點。然後將這張紙摺疊三次，和你的私人物品、液體放進小瓶子裡，最後封住蓋子。

　　如果可以站立的話，站著握著這個瓶子，或坐著在滿月下做月光浴。讓月光像溫暖的被子那樣裹住你。慢慢地吸氣，感覺暖意經過你的肺，往下流到軀幹裡，進入你的腳趾。慢慢地吐氣，感覺你的氣息帶走你的疼痛，往上從你的頭皮飄出去。重複這個動作，直到你感到平靜和心念集中為止，專注在你的呼吸上 —— 吸氣，吐氣。準備好之後，默唸或大聲唸出：

> 療癒的月亮啊！我懇求妳，在這生病的時刻，
> 將妳的光芒傳送下來，讓我的身心充滿祥和安定。
> 我祈求妳從天上賜給我祝福，
> 以療癒的愛充滿我的生命。

　　需要的話可重複這個儀式。當你覺得好轉一些，感覺病痛離開時，把這個瓶子埋起來。

為你喜愛的運動隊伍加強能量

準備一塊白水晶（可能的話，使用最近以滿月補充過能量的水晶，請看第72頁），它能以最大的能量和能力將你的振動頻率傳送到天空中，一個能代表你的運動隊伍的物品（球隊服裝、帽子、相片等）。把水晶放在這個物品上，花一分鐘將你的能量連結到水晶中。準備好之後，默唸或大聲唸出：

明亮的水晶，請聆聽我的祈求，
讓這個隊伍連勝三場，
甚至超過三場，祝福他們，
明亮的水晶，請聆聽我的祈求。

重複三遍，花點時間觀想戰勝後的慶祝活動，並且感謝水晶的協助。

浪漫的愛情

　　你無法用愛情咒語控制他人的意願，但你可以透過宇宙的能量傳達愛的訊息，或是打開心靈接受愛情。對方會感覺到在潛意識中獲得擁抱，因而加強你們之間的聯繫。滿月是邀請大量愛的能量進入心靈，以及連結某個特別之人的完美時機。

　　準備一張紅色的紙、剪刀、一支黑色或金色的筆、粉水晶或紅寶石、火柴、隔熱碗和一朵紅玫瑰，也可以加一張你心儀對象的照片。

一、把物品放在一個隔熱的物體表面上，做成一個祭壇。

二、從紅紙上剪出一個心形圖案，你喜歡任何尺寸都可以。

三、在紅心中央寫下你喜歡的對象名字，然後畫三條底線。

四、把這顆心沿著中間線左右對折，兩半都寫下你的名字，接著在這顆心的外面周圍，環繞妳愛的能量。

五、將心形剪紙和你選擇的水晶一起放在你的心臟部位，花點時間觀想你的愛。準備好之後，默唸或大聲唸出：

熱情的水晶，我用愛的能量充滿你，讓兩顆同樣的心結合在一起。

六、將這張心形剪紙放進碗裡，用火柴點燃它。想像火焰點燃你意中人心中的愛情和欲望，讓這個能量帶著你的訊息穿越宇宙。

七、熄滅火焰，花一分鐘握著水晶，感受它愛的振動頻率。

八、把玫瑰插在你床邊的花瓶裡，把水晶放在你的枕頭底下。重複這個咒語，做一個跟你所愛之人有關的夢。

吸引某個特別的人到你身邊

　　如果你想要吸引心儀之人的注意力，看看兩人是否會擦出火花，可使用這個魅力咒語。

一、準備兩朵含苞待放的同色玫瑰（只要花就好），小心地摘掉每一朵花的花瓣。

二、在一個大盤子上鋪上紙巾，將所有的花瓣混合在一起，讓你不知道哪些花瓣屬於哪一朵花。再用另一張紙巾蓋上花瓣，用微波爐的高段火力加熱兩分鐘。隨時注意情況，然後把花瓣翻面，把紙巾蓋回去，再微波一分鐘。如果還沒完全乾燥，再分段加熱 15-30 秒，每一次加熱後都要檢查一下，直到乾燥為止。

三、把乾燥花瓣放到一個玻璃盤或布袋裡，放一小塊粉水晶或石榴石，然後有興趣的話，也可加一或兩滴玫瑰精油。

四、把盤子放在滿月的月光下，花點時間觀想你選擇的對象。準備好時，默唸或大聲唸出：

　　滿月啊！請將你的能量和光明充滿這些花瓣。
　滿月啊！請對這顆水晶施法，讓它的訊息能展翅飛翔。
　滿月啊！請對我的靈魂施法，讓它能點燃誘惑的魅力。

　　花點時間感謝月亮，想像你心中的火花飛向宇宙。把這些花瓣放在你看得到的地方，想要的時候可以重複這個咒語。

好運

　　據說蒔蘿（Dill）和綠色能帶來好運。運用滿月的能量能在吸引力最強的時候，協助吸收好運的力量。在你感覺需要增加好運時，可使用這個咒語。

　　準備一些蒔蘿種子，一個大陶土花盆，一些盆栽土、碎石和水。將所有東西拿到戶外，站在月光下（滿月是能量最有潛力的時候）。把你的意圖專注在你想要發生好運的領域。想像它明確、清楚地發生。

　　在花盆底部加一點碎石增加排水效果，將花盆裝滿泥土，把種子撒在土上。最後在上面覆蓋一層薄薄的泥土，好讓種子固定位置。當你為種子澆水的時候，默唸或大聲唸出：

華美的明月啊！我祈求妳的能量溫暖這些種子，
願我的運氣也會跟它們一樣繁茂且無畏地成長，
感謝妳滋養的光芒。

　　把花盆放在能照得到陽光的溫暖地方，除了月光之外還需要陽光，種子大約十天左右會發芽。定期檢查種子的情況，土乾就要澆水。感覺你的運氣隨著蒔蘿的枝葉越長越高。

　　可將新鮮的蒔蘿香藥草加入任何一種菜餚，煮湯或醃漬時，或是當做馬鈴薯沙拉和鮭魚的佐料，撒一點好運在你的每日三餐中。

頭腦清明

　　滿月是清晰完整看待事物的時刻。如果你感覺頭腦有點混沌，需要一點助力來擺脫這個腦中的蜘蛛網，可試試這個咒語：

我站在滿月之中，尋求一隻手，
能撥開我眼前的迷霧。
好讓我能清楚地看清什麼是我最重要的事物，
並且知道需要採取什麼樣的行動。
滿月啊！請拉著我的手──幫助我了解，
如何實現我的夢想和願望。

表達感謝

　　滿月會讓我們的能量滿溢，花點時間對她表示感謝，對你生命中的豐盛表達感恩和點頭讚許，然後將它傳遞下去。默唸或大聲唸出：

我感謝妳，月亮，感謝妳為了指引我、安慰我所做過的一切。
我感謝你們，朋友，感謝你們付出的一切──
你們的愛、支持和喜樂。
因此我的心中充滿愛，站在妳的月光之下，
我知道我的人生得到了祝福，沒有妳，我一無所有。

幫助他人

我們已經學到，魔法咒語無法影響他人，而是引導自己，但這並不表示你不能施展魔法來幫助你認識的人，或是遇到需要幫助的人時挺身而出。為了擴展你的視野，讓他人成為焦點，呼喚滿月的光輝來協助。默唸或大聲唸出：

溫柔豐盛的天體，
妳的力量能平衡地球，
對我揭示，讓我了解
我的天賦能療癒匱乏。

祈求好天氣

不管是婚禮、旅行、運動盛會，或放假，大家總是歡迎好天氣。可以接通滿月幫你預報氣象。默唸或大聲唸出：

美麗的月亮——美麗的微風，請製造美好的天氣，
願這一天充滿歡樂，
成為適合慶祝的一天！

感覺充滿力量

你能感覺到力量嗎？不能？嗯，你只要向強大的滿月祈求增強能量就夠了。默唸或大聲唸出：

世上有很多種力量，但這次只有一種。
滿月啊！請幫我鼓足我需要的勇氣，
讓他們看到，對，我確實是有力量的！

求婚

滿月會引出我們內心深處的愛，如果你在考慮求婚，想盡快付諸行動的話，可以向月亮提出這個請求。（如果你想壯著膽子求婚，也可以試試這個）。默唸或大聲唸出：

明亮的月塵正閃爍發光，
充滿魔法的月光輕觸著我的腳趾，
當我跟你在一起時，我感到快樂和被愛。
如果我們結婚的話，我知道我們將會一起成長
從一變為二，也許以後還會更多，
讓我們組成一個新的家庭，沐浴在愛中。

保持開闊的心胸

當你開始不贊同某人時，那就試著提出疑問。打開你的心扉，順流隨緣，學習新的事物，並且從他人的觀點去看事情。

在一個小碗中裝滿冷水，加兩滴你最喜愛的精油來提振精神。閉上雙眼，將手指伸進水中旋轉攪拌。感覺水沉靜而柔軟，呼吸時吸入迷人的芳香。準備好之後，默唸或大聲唸出：

明朗的月亮啊！請啟發我多聽少說，
這樣做能顯現關愛，消除犯錯的阻礙。
因為恐懼會讓我們爭吵，其實我們可以分享
和平之愛、人性和難得的和諧。

使用鹽的居家防護

鹽，尤其是喜馬拉雅粉紅鹽（請看第71頁）充滿地球的能量。將鹽加入月亮魔法中能產生保護你住家的強大魔法。

在一個盤子上放一些鹽巴，放在滿月的月光下一整夜，藉此融合它們的能量。隔天帶著這盤鹽，以順時鐘的方向（請看第48頁）繞著你的住家周邊或是房間四周行走，默唸或大聲唸出：

> 月亮和地球，請結合你們的能量照顧這個家，
> 願我們日夜平安，不受傷害。

如果有興趣的話，你也可以將一點鹽撒在住家外面的四周，但小心不要撒太多，免得傷害草坪和植物。

尋找失物

把滿月想像成一個能量超強的手電筒，它的引力會將你拉向物品遺失的地方……包括你迷失的人生道路！試試看吧！

> 大自然的潮汐聽到妳的呼喊就會馬上臣服。
> 請用妳的光芒照亮這條路，來幫助我完成這個請求，
> 我又再次遺失，我需要的東西不在原位，
> 月亮的引力啊！請將遺失在時空中的東西帶回我身邊。

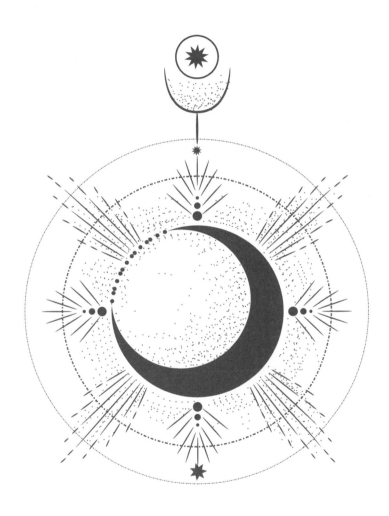

漸虧月魔法

反思、學習

釋放任何無益的東西

休息、恢復

驅逐不好的東西

在下弦月時，也是最後四分之一的月相期間，使用這個咒語來消除阻礙你實現目標的任何事情，驅逐你生命中負面、消極的事物。執行簡單的鼠尾草煙燻儀式（請看第117頁），或是使用鼠尾草噴劑（請看第119頁）來消除不好的磁場都可以。

在一個能看見月亮的寧靜地方，花點時間設定你的意圖。準備好時，默唸或大聲唸出：

> 妳的光芒漸弱，但不要害怕。
> 當夢想出現時，它仍能指引我們。
> 雖然有人會說不，或擋住這條路，
> 請將這些阻礙逐出這裡，不讓它們靠近我。

擊退敵人

再也沒有比這時更適合將意圖傷害你的人逐出你的世界。一旦確認了就不要等待。用月亮清除的能量讓你的世界恢復秩序和平衡。心中清楚地認清這個威脅，並集中意圖後，默唸或大聲唸出：

> 月亮女神，夜晚的戰士，請聆聽我的祈求，
> 碰到有害的威脅時，請伸出妳的雙臂，將我安全地包圍起來。
> 請給我保護和安慰，給我力量對抗阻礙我的一切。

暫停片刻，感知月亮的力量及堅定的決心在你心中滋長。

耐心和諒解

　　不是每個人的想法或行為都跟我們一樣，但我們只要花點時間，就能從世間不同的人事物中學到很多東西。當你感覺自己跟別人有點不搭調的時候，可在月亮舒適的光芒中尋找平衡感。默唸或大聲唸出：

　　　在寧靜的光芒中，我安詳站立；帶著平靜的心靈，
　仔細聆聽對方的話語，我聽到人生的頌歌開始吟唱它的曲調。
　　　　我寧靜的心知道，妳會幫我找到節奏，
　因為我們雖然唱著不同的歌詞，但卻齊聲唱著同一首歌。

人際關係問題

你最近可能在反思某件事，並且決心要過最積極正向的生活。在漸虧月相的期間，藉著接通漸弱的能量來放慢步調，向內心深處探索，並詢問自己，你想要什麼和你擁有什麼。你要如何讓這兩者達到一致？

在這個不確定的時刻，我們的自我對話可能會變得負面。可以運用月亮美麗的微光，看見你的內在美和外在美。當你需要一點自愛時，可試試這個肯定語。

月亮之母，請抱緊我；抹去我的眼淚。

當我仰望妳的容顏時，請讓我清楚看見——

我是個有價值的人，我是被愛的，我準備好了，我就是我。

我很感激，我很強大，我是某個人物，我就是我。

花點時間祝賀自己今天的表現，雖然當前情況可能很困難，但要知道明天會給你另一個機會。

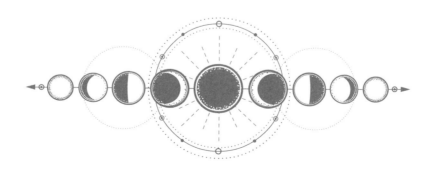

原諒

　　原諒有時候很不容易，尤其碰到要原諒自己的時候。當你的心情沉重，唯一獲得療癒的方法是寬恕、原諒的時候，可試試這個簡單的咒語。這是你送給自己的禮物。下弦月期間是邀請原諒進入你生活中的絕佳時刻。

　　濃烈的玫瑰花香能鎮定神經，療癒憤怒和怨恨的感受，它能打開你的心通往療癒和原諒、寬恕的道路。同樣的，迷迭香通常被認為是有助於記憶的植物，能用來保留美好的回憶，同時也能釋放有害的記憶。請邀請原諒進入有害記憶離開後的空間。

　　準備一小把芳香的玫瑰（只有一朵也可以），或是新鮮的迷迭香。在漸虧月的月光下，拿著花朵或香藥草靠近你的鼻子。深深地、緩慢地吸氣，觀想療癒的芳香充滿你的心，吸收你心中任何負面的思緒。慢慢吐氣，感覺你的氣息釋放出負面的東西。繼續吸氣和吐氣，直到你感覺平靜和心念集中為止。準備好時，默唸或大聲唸出：

　　　　我帶著所有新鮮和全新的一切，打開心扉原諒自己。
　　　　　指引的月亮啊！請照亮這條能讓我接納的道路。
　　　　　　　　我吸進這些香味洗淨我的傷痛。
　　　　　　　　　祈禱，現在心中充滿喜樂。
　　　　　我是被愛的，我這樣已經足夠，而且我原諒自己。

洞察力／解決問題

　　黑暗的殘月期間是事物自然放慢的時刻。此時月亮提供的能量光芒是最低的。現在是清點你在這個月相週期中意圖的成果，以及尋求智慧解決你現有問題的最佳時刻。當你需要看透黑暗之幕，進入真理之光的時候，可唸誦這個咒語。

　　寧靜的月亮啊！這一天夜幕低垂，使我壓抑的思緒發出光芒。
　　願智慧之花盛開，真相能被知曉，麻煩問題消失離去。

祝福家人

　　在這個休息和恢復的自然時段，正是跟朋友和家人重新聯繫的時刻，因為你可能在忙碌的時候忽略了他們。這個簡單的咒語能幫你向宇宙發送出愛的振動頻率。默唸或大聲地唸出，想唸多少遍都可以，時常留意回傳了什麼給你。

　　在黑暗的時刻，友誼綻放光芒。在黑暗的時刻，家人關係緊密。
　　在這樣的時刻，當月光漸衰時期，小心照顧感情才能長久維繫。
　　哦，月亮女神啊！哦，夜之母啊！請妳的守護之光溫柔照耀。

修改你的履歷表

　　也許你已經在新月的時候設定了要找到一個新工作的意圖，而且忙著處理必要的一切。漸虧月期間是反思的時刻，最適合修潤履歷表，讓它跟你一樣綻放出明亮的光芒！

　　把你喜歡的、不喜歡的、成就、挑戰和目標，還有你想成長和改善的領域都客觀明確地寫下來，在修潤你的履歷表時這樣做可以為你提供絕佳的靈感。

　　這可能是個困難的作業，所以，在你開始前，把這些肯定語傳達給月亮，讓她回傳閃耀的光芒給你。

我很勇敢。

我很有創意。

我工作很勤奮。

我很獨特。

我的才能可以各種方式做出貢獻。

我的履歷表只是展現自我的起點。

　　花點時間為自己的獨特表達感恩，然後開始修潤履歷表。

消除壓力

　　除了進行紓壓的儀式之外，諸如月光浴（P126頁）或是運用你的鎮靜水晶（請看第62頁），當你沒有時間做更多時，這個基本的咒語能幫你紓解神經緊張，也能讓你的靈魂平靜下來。雖然接通漸虧月能幫你消除壓力，但當你需要重新專注和保持冷靜的時候，也可隨時使用這個咒語。

　　花點時間冥想，保持安靜不動，閉上你的雙眼，隔絕任何干擾。只要專注在你自然的呼吸上，安於當下你製造的寧靜時刻。準備好時，默唸或大聲唸出：

當聆聽黑暗時，恐懼莫名增加。
我不知道為什麼，也不知道怎麼會這樣。
天上守護的明月，我尋求妳的寧靜；
我祈求妳的安詳。
願柔和的月光能幫我減輕恐懼，
安撫我煩惱不安的靈魂。

　　依個人需求安靜冥想一段時間，感覺心中逐漸平靜後，記住這種感覺，好讓你在需要時能隨時獲取這種感覺。當你準備好時，輕輕地將你的五感回到周圍的一切，安靜地坐一下，然後泡一杯月光茶（請看第130頁），直到你準備好重新回到這一天。

尋求智慧

　　有時候光有事實還不夠，你也得有智慧和知識，從這些資訊中知道該做什麼或不該做什麼。了解資訊和訊息中隱藏的含意，做出適當的回應，有時候需要尋求更高層力量的協助。

　　當你碰到這種情況時，向智慧的月亮說出下列的咒語（默唸或大聲唸出），敞開你的心扉，接收她充滿啟示的訊息。

哦，全知的月亮啊！
我祈求妳的幫助，讓我能像智者般看清一切，
我的腦袋說：「是，」我的心卻說：「不」——
而且沒有一個朋友贊同我。
做抉擇很艱難，得到的結果卻很真實，請給我智慧的忠告。

調整態度

　　我們都曾體驗過這種情況，當負面的事物開始把我們拖進困境的泥沼中，其實只要快速改變態度，就能轉變你情緒的動向，可嘗試這個令人開心的咒語：

月亮微笑的臉龐，
在夜裡吐出歡樂的話語。
聆聽閃亮的月光滴落的聲音。

優雅老去

老化是人生最大的喜悅之一，不要反抗大自然的計畫。當老化讓你情緒低落或是你開始向恐懼投降時，擁抱月亮理解的恩典。默唸或大聲唸出：

妳看起來跟妳出生那天一樣，
月亮女神，妳是怎麼辦到的？請快告訴我妳的秘訣。
我老化的徵兆越來越多，疼痛、病痛、皺紋和白頭髮——
我坐在這裡凝視著，納悶我跑去哪裡了？
雖然我的臉看起來可能跟以前有點不同，
但我仍在這裡面，帶著孩童般的眼神，看著妳每次轉變的奇觀。

甜美的夢

當夜晚在天空拉開她溫柔的簾幕，召喚漸虧月講述她寧靜美夢的故事。默唸或大聲唸出：

妳在夜晚中溫暖的光芒，迷人的表演，溫柔地減輕了我的恐懼。
睡眠時間即將到來，我聆聽妳在我耳邊輕聲講著故事。
故事溫柔地帶我進入美麗的夢鄉，
我在平靜中打瞌睡點頭回應，像熊一般沉睡。

掃除雜亂的心

當你實在無法擺脫憂慮時，這時就要做一點心理的大掃除了。漸虧月就是要把這些心理問題打包丟掉的時候。紫水晶安撫的能量有助於心理大掃除。握著一塊紫水晶，做幾次平靜的深呼吸，專心想著你要釋放的憂慮，讓水晶吸收它。準備好時，默唸或大聲唸出：

憂慮、悲傷和負擔，我將你們釋放到這塊水晶裡。
讓我清掃過的心充滿月亮的恢復力。

把這塊水晶放在窗邊，月光淨化的能量會淨化這塊水晶，同時補充能量，方便你下次使用。需要消除憂慮時，可經常使用這個方法。

減重

要減掉一些你不想要的體重，可能也需要改掉幾個壞習慣，或者，至少消除那些會阻礙你達成目標的事情。花點時間回想有哪些事情阻礙你前進。準備好時，默唸或大聲唸出：

體貼的月亮，在這寧靜的時刻，我尋求妳溫柔的聲音，
我想減掉一些體重，我的朋友，這確實需要做選擇。
請在我的心盤上裝滿讚美的話語，
讓我選擇那些能縮小我腰圍的健康習慣！

為孩子選名字

　　尋求月亮的指引，為你那令人歡欣快樂的小寶貝選一個正確的名字，希望這個孩子能永遠過著幸福快樂的生活。

不管是王子、爵士或公主；
我要為你尋求高貴的名字。
哦，體貼的漸虧月光芒，
請好心幫忙解決這個問題。
不管是兒子或女兒，
我都要用對的名字為你加冕，
讓你過著富足和有意義的人生。

讓菜園大豐收

　　雖然在月光下栽種植物有點不切實際，但向她祈求獲得大豐收的祝福，是聰明又實際的事情。

在肥沃的土地中，我為餐桌的豐食播種。
澆水、除草和陽光培育出溫暖的食物。
在月光下，願它們沉睡入夢，然後白天不斷生長，
豐收後讓我能夠分享和餵飽飢餓的需求。

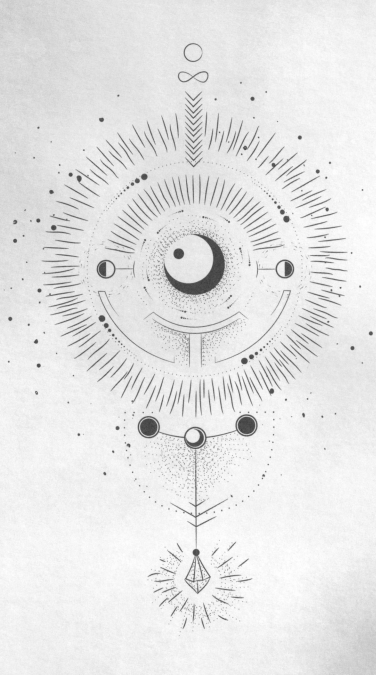

雖然輕輕闔上書頁

可能表示要結束了，

但等等，別走，

月亮現在稱你為親愛的朋友。

你已經召喚了力量、勇氣和愛

走上這條魔法之路。

現在，快樂地手牽著手，歡喜雀躍，

這個旅程才剛要開始。

天上、天下都一樣。

謝辭

首先，我要感謝雷吉・慶德斯比基（Rage Kindelsperger）感謝他讓我懷著信心和信念奮力一搏。還要感謝奇拉（Keyla Pizarro-Hernández）和 Quarto（Wellfleet）團隊的其他成員讓這本書得以成形。

深深感謝蓋伊・卡賽斯和朱莉・蓋爾（Gaye Cassells and Julie Kerr），因為有他們的愛、姊妹情、友誼、鼓勵和魔法，才能將這些東西帶到人們的生活中。

感謝莎朗・迪安吉羅（Sharon D'Angelo）這位女祭司和直覺導師，跟她討論威卡教的事情總是充滿啟發性，還有她慷慨大方又樂於助人的心性令人欽佩。你們可以在這個網站找到她：www.sharondangelo.com

最後，我要感謝我的丈夫約翰，感謝他將魔法帶進我的日常生活中。每當你的目光看向我這邊時，這感覺就像是……魔法。

參考資源和文獻

若想探索更多月亮以及她的魔法，可查看以下這些訊息資源。

American College of Healthcare Sciences: achs.edu

Aromatherapy.com

Aroma Web: aromaweb.com

Astrology Online: astrology-online.com

Baring-Gould, Sabine. Curious Myths of the Middle Ages, new ed. London, U.K.:
    Rivingtons, 1876.

Cajochen, C., S. Altanay-Ekici, M. Münch, S. Frey, V. Knoblauch,
    and A. Wirz-Justice. "Evidence that the Lunar Cycle Influences Human Sleep."
    Current Biology 23 no. 15 (August 5, 2013): 1485–8. doi:10.1016/j.cub.2013.06.029.

Conscious Lifestyle Magazine: consciouslifestylemag.com

Color Meanings: color-meanings.com

Crystal Dictionary: crystaldictionary.com

Davis, Patricia. Astrological Aromatherapy. London, U.K.:
    Random House U.K., 2004.

EatingWell: eatingwell.com

eHow: ehow.com

Encyclopaedia Britannica: britannica.com

Energy Muse: energymuse.com

Kitchn: thekitchn.com

Law, S. P. "The Regulation of Menstrual Cycle and Its Relationship
    to the Moon." Acta Obstetricia Gynecologica Scandinavica 65, no. 1 (1986): 45–8.

Mayo Clinic: mayoclinic.org

Museum of the Moon: my-moon.org/research

National Aeronautics and Space Administration: nasa.gov

National Geographic: nationalgeographic.com

Perrakis, Ph.D., Athena. Crystal Legends, Lore, and Myths,
    Beverly, MA: Quarto, 2019.

Psychology Today: psychologytoday.com

Sage Goddess: sagegoddess.com

Saveur: saveur.com

Sharon D'Angelo, High Priestess and Intuitive Guide:
    sharondangelo.com

Smithsonian: smithsonianmag.com

Space.com

Tarot.com

The Buddhist Centre: thebuddhistcentre.com

The Old Farmer's Almanac: almanac.com

The Weather Channel: weather.com

U.S. Games Systems, Inc. "Rider-Waite Tarot Deck" booklet.
    Stamford, CT. usgamesinc.com

Zodiac Arts: zodiacarts.com

索引

作者／奧羅拉・凱恩（Aurora Kane）
是一位執業女巫和草藥師，擁有數十年（有人說數百年）施咒和招靈的經驗。
她住在美國東北部，是月光深谷女巫會（Coven of the Moonbeam Ravine）的
創始人之一。